AF431304

Jesús Escudero Martín

Profesor de Matemáticas e Informática del
IES Fray Luis de León de Salamanca

EL GRAN LIBRO
DE LOS ACERTIJOS
DE INGENIO

SOLO PENSAMIENTO LATERAL (3 y 4)

(Incluye 1 archivo virtual)

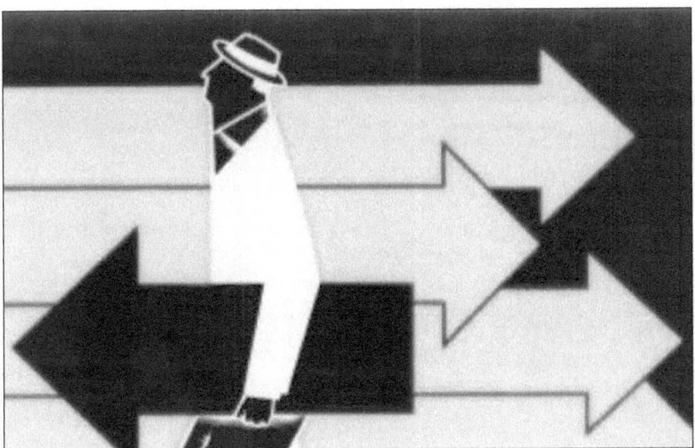

Salamanca 2020

EL GRAN LIBRO DE LOS ACERTIJOS DE INGENIO
SOLO PENSAMIENTO LATERAL (3 y 4) (B/N)
(Incluye 1 archivo virtual)
Jesús Escudero Martín
Agosto 2020

Tapa blanda: 266 páginas
Idioma: Español
Ilustración de portada: Internet
Ilustraciones interiores: Jesús Escudero Martín & Internet

ISBN: 9798674160922

ÍNDICE

A todos los que buscáis
el lado divertido
de las cosas

PRÓLOGO

"Tomar la diversión como simple diversión y la seriedad en serio, muestra cuán profundamente indiscernibles resultan ambas entre sí"
(Piet Hein)

Este podría ser el modo más conciso de expresar el punto de vista desde el que están escritas casi todas las páginas de este libro.

El pensamiento del pedagogo alemán Harmut von Henting, expuesto en su libro *"¿Por qué tengo que ir a la escuela? Cartas a Tobías"*, defiende que el aprendizaje *"exige siempre esfuerzo y sacrificio"*. Sin negar ese principio, siempre intento, en lo posible, enseñar deleitando. Esta es la finalidad que tienen los acertijos y curiosidades, que expongo en estas páginas.

Lo que aparece en ellas es para quienes no tengan miedo a evaluarse, para quienes disfruten con las dificultades, para quienes odien los mecánicos y monótonos caminos de resolución; para personas creativas, para los amantes de los enigmas y capaces de apreciar la belleza del razonamiento lógico o matemático.

Los ingeniosos acertijos que se incluyen, muestran que las matemáticas, la lengua, la física y otras disciplinas pueden llegar a ser muy

divertidas y entretenidas. El libro ha sido escrito con la intención de que pase Vd. ratos muy agradables.

Espero que ni al más ingenuo de los lectores, se le ocurra pensar que los acertijos se me han ocurrido a mí. Aunque hay algunos originales, la mayoría han sido extraídos de revistas, periódicos y libros de todo tipo, así como de Internet y del correo electrónico. Los que hay de otros autores, están nombrados en la bibliografía.

Como desde comienzos de los años 70 he ido recogiendo todo tipo de acertijos y curiosidades, por afición, sin ánimo de publicarlos más adelante, desconozco el origen exacto de la mayoría de ellos.

Todo este material me ha ayudado a amenizar mis clases, sacando a colación el acertijo apropiado en el momento oportuno. Los alumnos siempre están interesados en estos temas, y, sobre todo, si vienen a cuento. También lo he compartido con otros profesores y compañeros que desinteresada y amablemente me han ayudado con sus valiosas sugerencias. Incluir aquí sus nombres daría lugar a una lista demasiado larga. Muchas de las ideas, que aparecen en el libro, resultaron muy mejoradas gracias a su colaboración.

Buen número de los acertijos que aparecen en estas páginas tienen ya la categoría de clásicos y han sido adaptados a nuestro ambiente cultural o se les ha dado un retoque para hacerlos más amenos.

Casi todos los acertijos seleccionados pueden explorarse con la ayuda de un papel y un lápiz. Para resolver la mayor parte de ellos, no se requieren conocimientos superiores a los elementales, aunque casi siempre se requiere la aplicación de un agudo ingenio, a pesar de que a veces no lo parezca. *La imaginación es más importante que el conocimiento*. (Albert Einstein)

En la resolución de algunos acertijos, es preciso que surja en nuestra mente un concepto nada fácil de definir, que llamamos "**feliz idea**". Para el experto es un método de trabajo, lo que para el novicio resulta una feliz idea, una especie de revelación divina, que surge como un relámpago en la oscuridad y nos deja ver claro el camino a seguir. El examen de muchas felices ideas puede abrir en nuestro espíritu cauces que hagan surgir chispas semejantes en circunstancias parecidas. *Es dudoso que el ingenio humano pueda llegar a construir un enigma que el propio ingenio humano no sea capaz de resolver*. (Edgar Alan Poe)

Es cierto que hay algunos, preciosos, de enunciado muy sencillo, que son muy difíciles de resolver. Aunque no sepamos llegar a la solución, sólo con el hecho de verla y, a veces, comprobarla, ya se disfruta con ellos. *No necesito saber adonde voy para gozar del camino que transito*. (Deepak Chopra)

Algunos archivos virtuales que se muestran con ciertos acertijos, han sido creados por mis alumnos de 1º y 2º de Bachillerato en la asignatura de Tecnologías de la Información. Tras una pequeña y breve revisión, aparecen tal y como todos ellos me los entregaron.

Salamanca, agosto 2020

LOS ACERTIJOS

El pensamiento lateral representa todos esos caminos alternativos que no estamos acostumbrados a tomar en el momento de encontrar soluciones a un problema.

La mayoría de la gente tiende a enfocar una sola forma de resolver un conflicto sólo porque las otras vías para resolverlo no son visibles a simple vista.

El pensamiento lateral es un tipo de pensamiento creativo y perceptivo, nos permite movernos hacia los lados para mirar el problema con otra perspectiva y esta es una habilidad mental adquirida con la práctica.

El pensamiento vertical o lógico se caracteriza por el análisis y el razonamiento mientras que el pensamiento lateral es libre, asociativo y nos permite llegar a una solución desde otro ángulo. Ambos pensamientos son importantes. El lateral incentiva nuestro ingenio y creatividad. El vertical nos ayuda a desarrollar nuestra lógica.

Es muy valioso aplicar un poco del pensamiento lateral a nuestras vidas, observar nuestros problemas desde distintas direcciones, ver el panorama con otros ojos y empujarnos a encontrar diferentes, nuevas e ingeniosas respuestas para los viejos y los mismos conflictos humanos.

La **numeración** de cada acertijo es la misma que tiene en la parte correspondiente de *"El GRAN LIBRO de los ACERTIJOS de ingenio"*.

1601. SELLOS DE COLORES.

Tres sujetos A, B y C eran lógicos perfectos.

Cada uno podía deducir instantáneamente todas las conclusiones de cualquier conjunto de premisas.

Cada uno era consciente, además, de que cada uno de los otros era un lógico perfecto.

A los tres se les mostraron siete sellos: dos rojos, dos amarillos y tres verdes.

A continuación, les taparon los ojos y a cada uno le fue pegado un sello en la frente; los cuatro sellos restantes se guardaron en un cajón.

Cuando les destaparon los ojos se le preguntó a A:

¿Sabe un color que con seguridad usted no tenga?

A, respondió: No.

A la misma pregunta respondió B: No.

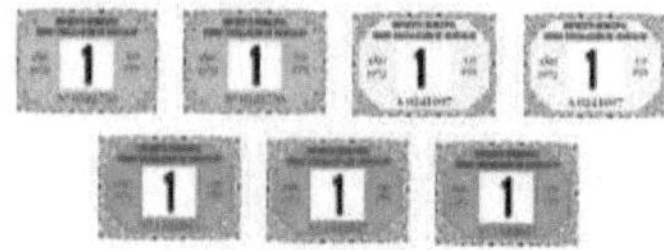

¿Es posible, a partir de esta información, deducir el color del sello de A, o del de B, o del de C?

1603. LOS MENTIROSOS DE CARROLL.

Andrés dice que Benito miente.

Benito dice que Carlos miente.

Carlos dice que tanto Andrés como Benito mienten.

¿Quién miente y quien dice la verdad?

Se supone que Andrés se refiere a lo que dice Benito, Benito a lo que dice Carlos, y Carlos a lo que dicen en conjunto Andrés y Benito.

1605. EL VENDEDOR DE VINO.

Un vendedor de vino sólo tiene garrafas de 8 litros.

Dos amigos quieren comprar una de estas garrafas a medias y repartírsela.

El vendedor busca por la tienda y encuentra dos garrafas vacías: una de 3 litros y la otra de 5 litros.

¿Cómo se las podría arreglar para repartir la garrafa de 8 litros entre los dos amigos?

1607. ADIVINO CRUEL.

En la antigua ciudad de Coz, de la que ya no queda un solo recuerdo, gobernaba un adivino muy astuto. Toda la población trabajaba salvo él, grandísimo vago, que ejercía de enlace psicoastral.

Cada día obligaba a algún desdichado ciudadano a competir contra él en un extraño concurso. El aspirante debía formular al adivino una pregunta acerca de algún suceso futuro cuya respuesta debía ser "sí" o "no". En caso de que el vago acertase la repuesta, el concursante se convertía en su esclavo de por vida. Si el adivino errase la respuesta, este sería depuesto y condenado a rebuznar durante toda su vida. Por desgracia para los vecinos, el vago poseía un dilucidador de energía pura, un aparato que funcionaba mediante la magia capaz de anticipar el futuro con toda exactitud.

Si Vd. fuera el próximo rival del gran vago, ¿qué pregunta desearía formularle?

1609. LA HORA AHORA.

Hace dos horas han pasado tantas horas desde la una de la tarde como las horas que faltan para la una de la madrugada.

¿Qué hora es ahora?

1611. LAS NAVES ESPACIALES.

Dos naves espaciales siguen trayectorias de colisión frontal.

Una de ellas viaja a 8 kilómetros por minuto y la otra a 12.

Supongamos que en este instante estén separadas exactamente 5.000 kilómetros.

¿Cuánto distará una de la otra un minuto antes del choque?

1613. LA VENTAJA.

En cierta ocasión le preguntaron a un maestro ajedrecista si esperaba ganar un torneo de maestros próximo a empezar. Contestó: *"Tengo una ventaja sobre el resto de los participantes, pues soy el único que no tendrá que enfrentarse a Steinitz"*.

¿Qué maestro ajedrecista pronunció tal frase?

1615. ASEQUIBLE LUGAR.

Aunque soy un ingeniero ruso, en este lugar siempre soy el último.

¿A qué lugar se refiere?

1617 LA CADENA MÁS ECONÓMICA.

Una cadena de 15 eslabones se ha roto en 5 trozos de 3 eslabones cada uno.

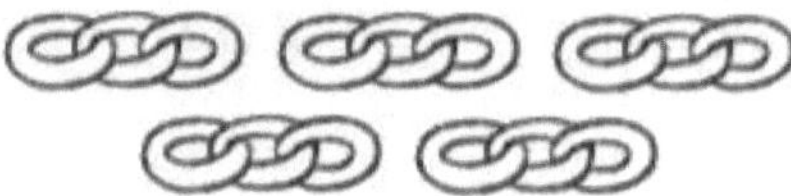

¿Cuántas soldadoras como mínimo haremos para arreglar la cadena?

1619. CON MALETÍN EN EL ASCENSOR.

Con un maletín en la mano, Vd. toma el ascensor en la planta baja. El ascensor empieza a subir.

¿El maletín le parece más pesado, más ligero o igual que antes?

1621. MUELAS Y PIERNAS.

Manolo: Razón tenía el dentista cuando me dijo que si me arreglaba la dentadura ya podría andar.

Paco: Pero, ¿qué tiene que ver la boca con las piernas?

¿A Vd. qué le parece?

1623. ¿ESTÁ VD. EN LA LUNA?

Desde la Tierra podemos ver la salida y la puesta de la Luna.

Cuando vivamos en la Luna, ¿podremos ver desde allí la salida y la puesta de la Tierra?

1625. BOLAS EN TAZAS.

En la feria del río dan un premio al que adivine el número de bolas que contiene cada una de las cuatro tazas.

Cada taza muestra un cartel sobre el número de bolas que contiene.
Cartel de la taza 1: "Una o cuatro".

Cartel de la taza 2: "Dos o cuatro".
Cartel de la taza 3: "Dos o tres".
Cartel de la taza 4: "Una o dos".

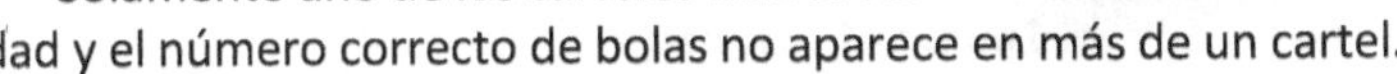

Solamente uno de los carteles dice la verdad y el número correcto de bolas no aparece en más de un cartel.

¿Cuántas bolas hay en cada taza y qué cartel dice la verdad?

1627. EL PASEO DE ANDRÉS.

Una tarde mi amigo Andrés remó en barca desde su pueblo hasta el pueblo más cercano y después regresó otra vez hasta su pueblo. El río estaba en calma como si de un lago se tratase.

Al día siguiente repitió el mismo recorrido, pero esta vez el río bajaba con cierta velocidad, así que primero tuvo que remar contra corriente pero durante el regreso remaba a favor.

¿Empleó más, menos o el mismo tiempo que el día anterior en dar su acostumbrado paseo en barca?

1629. DOSCIENTAS PALOMAS.

Un camionero detuvo su vehículo delante de un pequeño puente de aspecto sospechoso y, apeándose, comenzó a dar golpes a ambos lados de la caja del vehículo.

Un granjero que andaba por allí, le preguntó por qué lo hacía.

"Llevo 200 palomas en el camión", explicó el conductor. "Es mucho peso. Los golpes las asustarán y comenzarán a volar, lo cual aligerará bastante la carga. No me gusta el aspecto del puente. Quiero mantener a las aves en el aire hasta que cruce".

Suponiendo que la caja del camión es hermética, ¿qué puede decirse acerca del razonamiento del camionero?

1631. REY Y CABALLO.

Tenemos nuestro rey en un ángulo del tablero de ajedrez; en el ángulo diagonalmente opuesto, nuestro adversario tiene un caballo.

No hay ninguna otra pieza en el tablero.

El caballo es el primero en jugar.

¿Durante cuántas jugadas podrá el rey ir eludiendo el jaque?

1633. LAS COPAS DE ANÍS.

¿En qué copas no se puede servir anís?

1635. MISTERIO ESCONDIDO.

Nunca soy lo que parezco.

Siempre escondo un misterio aunque le parezca fácil dar conmigo.

Agudice su ingenio, abra los ojos, busque más allá de lo habitual y dígame, ¿quién soy?

1637. LA SOMBRA DEL TREN.

En una mañana soleada, un tren Talgo partió de la estación de Zaragoza con destino a Barcelona. ¿Quién viajaba más deprisa, el tren o su sombra?

1639. CUIDADO CON LOS HUEVOS.

Tenemos en las manos 25 huevos frescos de gallina. Los dejamos caer desde una cierta altura.

¿Cuál es la probabilidad de que la mitad de ellos queden sanos y la otra mitad se rompa?

1641. VUELTA AL GUANTE.

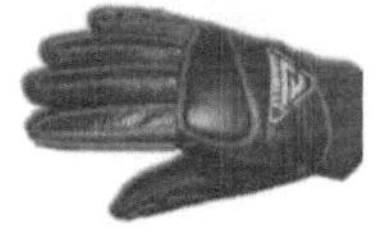

Si damos la vuelta sobre sí mismo a un guante de nuestra mano izquierda, ¿nos lo podremos poner en la mano derecha?

1643. ADIVINA ESTE ANIMAL.

Adivine este animal,
que por mucho que se asombre,

siempre que se da la vuelta,
acaba perdiendo el nombre.

1645. BOLAS BLANCAS Y NEGRAS.

Con 20 bolas blancas y 20 bolas negras formamos una cadena abierta de 40 bolas.

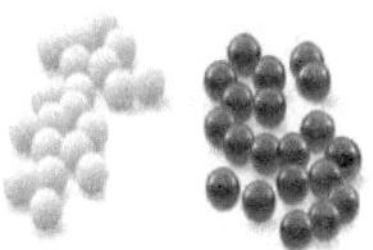

Se haga la cadena en el orden que se haga, ¿es posible cortar un trozo de cadena exactamente con 10 bolas blancas y 10 bolas negras?

Archivo: **Bolas blancas y negras.doc**

1647. CLARO Y OSCURA

Él es claro y ella oscura,
él alegre y ella triste,
él de colores se adorna
y ella de luto se viste,
él lleva la luz consigo
y ella siempre la resiste.

1649. DOS + DOS = CINCO.

¿Cómo demostrar experimentalmente que 2+2=5?

1651. FRASE CÉLEBRE.

"Es cierto que la soledad me amarga".
¿Quién es el autor de esta frase?

1653. CÉLEBRE FRASE.

"Ya sé que pensáis que no estoy muy entero, pero todo me ha salido redondo".

¿Quién es el autor de esta frase?

1655. ENCADENADOS.

Conteste ordenadamente a las cuatro preguntas siguientes:

1. ¿Cómo meter un elefante en un frigorífico en 3 pasos?

2. ¿Cómo meter una cebra en un frigorífico en 4 pasos?

3. El rey de la selva, el león, está en la ceremonia de su boda. Todos los animales están allí excepto uno. ¿Cuál no está y por qué?

4. Un hombre tiene que cruzar desesperadamente un río de la selva. Los cocodrilos están hambrientos, no hay ninguna barca... ¿Cómo cruza el río?

1657. EL PRIMO DEL 8.

Créame si le digo que el número:

```
999999999999999999999999999999999999999999999999999999
999999999999999999999999999999999999999999999999999999
999999999999999999999999999999999999999999999999999999
999999999999999999999999999999999999999999999999999999
999999999999999999989999999999999999999999999999999999
999999999999999999999999999999999999999999999999999999
999999999999999999999999999999999999999999999999999999
999999999999999999999999999999999999999999999999999999
        99999999999999999999999999999999999999
```

es un número primo.

También valdría como ejercicio de "busca el 8".

¿Es capaz de encontrarlo Vd.?

1659. ENCUENTRE LA MALDITA O.

¿Es capaz de encontrarla Vd.?

```
QQQQQQQQQQQQQQQQQQQQQQQQQQQQQQQQQQQ
QQQQQQQQQQQQQQQQQQQQQQQQQQQQQQQQQQ
QQQQQQQQQQQQQQQQQQQQQQQQQQQQQQQQQQ
QQQQQQQQQQQQQQQQQQQQQQQQQQQQQQQQQQOQ
```

QQQQQQQQQQQQQQQQQQQQQQQQQQQQQQ
QQQQQQQQQQQQQQQQQQQQQQQQQQQQQQ
QQQQQQQQQQQQQQQQQQQQQQQQQQQQQQ
QQQQQQQQQQQQQQQQQQQQQQQQQQQQQQ
QQQQQQQQQQQQQQQQQQQQQQQQQQQQQQ
QQQQQQQQQQQQQQQQQQQQQQQQQQQQQQ
QQQQQQQQQQQQQQQQQQQQQQQQQQQQQQ

1661. CAMISETA MATEMÁTICA.

Esta camiseta parece estar hecha para matemáticos. Pero, ¿está claro su significado?

1663. LA CADENA MÁS ECONÓMICA

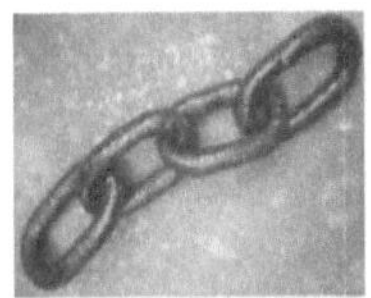

Con 6 trozos de cadena, cada uno de 4 eslabones, quiero hacer una cadena.

El herrero me cobra 50 ptas. por soldar un eslabón, y 10 ptas. por cortarlo.

¿En cuánto me saldrá la cadena?

(Lo más barato posible, evidentemente)

1665. RATONES BLANCOS Y GRISES.

José tiene 100 ratones. Unos son blancos y el resto grises.

Al menos uno de ellos es gris, y de cada 7 ratones, al menos 4 son blancos.

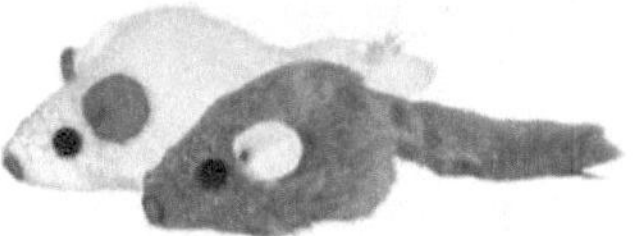

¿Cuál es el mayor número posible de ratones grises de José?

1667. ADIVINANZA ADIVINADA.

Hay en un libro tres problemas lógicos,

los llamaremos el 1, el 2 y el 3,
que, a pesar de no ser duchos en el tema,
los Castro se propusieron resolver.
La familia la componen siete miembros,
los tres hijos, las dos hijas, la pareja.
Ninguno obtuvo los mismos resultados,
mas resolvieron al menos un problema.
Determinar lo que hicieron todos ellos,
es la tarea que ahora le encomiendo.
Estos versos le darán todas las claves,
sólo precisa aguzar su entendimiento.
Quien logró el problema 3 no fue Roberto.
Tampoco la linda Lola ni el papá.
Y entre aquellos que fallaron el primero,
se ha de incluir al adolescente Adán.
Lola y Roberto acertaron un problema,
que el otro no había logrado resolver.
Y otro tanto sucedió, señalaremos,
entre Adán y la simpática Isabel.
Isabel prestó a Roberto alguna ayuda,
para poder resolver el primer juego.
Y aunque Juan no consiguiese más que uno,
hay que decir que se lo pasó de miedo.
Hemos de hablar todavía de la madre,
personaje al que no conviene olvidar,
pues, como descubrirá seguramente,
no es mujer a quien le guste abandonar.

1669. LAS CUATRO AFIRMACIONES.

En una caja hay 4 rótulos con las siguientes afirmaciones:
- El número de afirmaciones falsas de esta caja es 1.
- El número de afirmaciones falsas de esta caja es 2.
- El número de afirmaciones falsas de esta caja es 3.
- El número de afirmaciones falsas de esta caja es 4.

¿Cuáles son verdaderas y cuáles falsas?

1671. UNA LIPOSUCCIÓN.

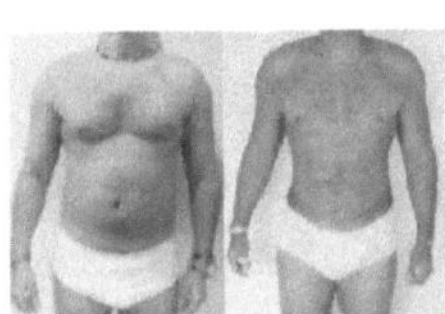

Juan: Perdí 5 kilos en 2 meses yendo 3 días a la semana al gimnasio.

Carlos: Pues, yo perdí 3 kilos en 10 minutos.

Juan: ¿En el gimnasio?

Carlos: No, en otro sitio más elegante.

¿Vd. lo cree posible? ¿Dónde?

1673. EL ASESINATO.

Acaba de cometerse un asesinato en la Gran Avenida.

Han empujado a un hombre al vacío desde un piso de uno de los edificios.

Las primeras declaraciones tomadas por los reporteros de televisión fueron las siguientes:

- Lo han tirado del último piso.
- Lo han tirado del piso 10.
- Lo han tirado del piso 13.
- Lo han tirado del piso 16.

Tras conocerse lo ocurrido verdaderamente se comprueba que ninguna de las declaraciones anteriores es cierta; una falla por un piso, otra por dos, otra por tres y otra por cuatro.

¿Desde qué piso tiraron al hombre?

1675. SUMAS EXTRAÑAS.

Observe las siguientes sumas, un tanto extrañas:

UNO + SIETE = OCHO

SEIS + CUATRO = DIEZ

CINCO + CINCO = DIEZ

DOS + NUEVE = OCHO

CUATRO + CINCO = ONCE

TRES + OCHO = ???

Las tres primeras parecen normales, pero las dos que siguen son más bien raras.

¿Será Vd. capaz de completar la última?

1677. TORNEO CUADRANGULAR.

Cuatro equipos participaron en un torneo cuadrangular de fútbol.

Cada equipo jugó un partido con cada uno de los restantes.

Al final del torneo, cada equipo marcó tres goles y ganó un número diferente de partidos.

¿Cuáles fueron los resultados de los partidos?

1679. EL DESFILE.

Esperan frente al cuartel
los hombres de un batallón,
mientras que su coronel
calcula sobre el papel
la mejor distribución.

Por principio elemental
quiere poner sus soldados
en filas todas igual,
y que en desfile marcial
avancen bien alineados.

Bien contado el pelotón,
estudia si es oportuno
hacer esta formación
siete a siete y ¡maldición!
vio que le sobraba uno.

Si los pone a ocho por fila,
le sobra un par de soldados,
y trece a trece contados
(el hombre cuenta y cavila)
quedan diez descolocados.

Y sin remedio, al final,
cosa que al cabo no importa,
al mando de un oficial
se hizo el desfile marcial
con una fila más corta.

Ahora, muchacho toma tú el papel
¿Cuántos soldados manda el coronel?

1681. UNO + UNO = UNO.

¿Cómo demostrar experimentalmente, que 1+1=1?

1683. TIRO AL BLANCO.

Por presumir de certero,
un tirador atrevido,
se encontró comprometido,
en el lance que os refiero:

Y fue, que ante una caseta,
de la feria del lugar,
presumió de no fallar,
ni un tiro con la escopeta.

El feriante alzando el gallo,
un duro ofreció pagarle,
por cada acierto y cobrarle,
a tres pesetas el fallo.

Dieciséis veces tiró,
el tirador afamado,
y al fin dijo, despechado,
por los tiros que falló:

*"Mala escopeta fue el cebo,
y la causa de mi afrenta,
pero ajustada la cuenta,
ni me debes ni te debo".*

Y todo el que atentamente,
este relato siguió,
podrá decir fácilmente,
cuántos tiros acertó.

1685. ESTÁ CLARO.

Tengo pico de pato, pero pato no soy.
Nací de huevo, pero mamífero soy.

Y aunque mis parientes más cercanos, terrestres son, para mí vivir nadando es mucho mejor.

¿Qué animal soy?

1687. LOS CUATRO ATLETAS.

De cuatro corredores de atletismo se sabe que C ha llegado inmediatamente detrás de B, y D ha llegado en medio de A y C.

¿Podría Vd. calcular el orden de llegada?

1689. PERSECUCIÓN.

La paz del verde valle,
el aire fresco y grato,
el rumor de una fuente,
el gorjeo de un pájaro,
nos hace que olvidemos
que entre silvestres flores
la lucha por la vida
forja dramas atroces:

Saltando entre matas,
seguido de un perro,
a su madriguera
volaba un conejo.

Con doscientos saltos
se verá seguro
y lleva cincuenta
de adelanto al chucho.

¡Corre, corre, corre!
¡Rápido, conejo!
Tú das cuatro saltos
mientras tres da el perro.

Más ¡ay! desdichado,
justo es tu temor:
cuánto tú en tres saltos
hace el perro en dos.

¡Oh, intrigante caso!
¡Oh, destino incierto!
¿Podrá o no salvarse
el débil conejo?

1691. LAS ETIQUETAS.

Sin acertar con ninguna de las tres, un empleado etiquetó errónea-mente tres cajas que contenían lápices, bolis y grapas.

Cuando alguien le comunica el error, dice: *"No hay problema, con solo abrir una de las tres caja y mirar su contenido, ya podré colocar las tres etiquetas correctamente"*.

¿Cómo lo hizo?

1693. CRIMINAL EN EL CINE.

Un criminal americano fue al cine con su mujer, a ver una película de tiros.

Aprovechando una secuencia donde las descargas eran continuas, asesinó a su mujer de un disparo en la cabeza.

A continuación salió del cine con el cadáver de su mujer, sin que nadie hiciera nada por detenerlo.

¿Cómo se las arregló el asesino?

1695. AMOR, AMOR.

En el campo del amor, uno es soledad; dos es compañía; tres es multitud.

¿Qué serán 4 y 5?

1697. ¡MENTIROSOS!

Los habitantes de un pequeño pueblo tienen la extravagante costumbre de mentir los martes, jueves y sábados, diciendo la verdad el resto de los días de la semana.

Un despistado matemático que acaba de llegar al pueblo mantiene con uno de sus habitantes la siguiente conversación:

- ¿Qué día es hoy?
- Hoy es sábado.
- ¿Y qué día será mañana?
- Miércoles.

¿Sabe Vd. realmente qué día de la semana es hoy?

1699. COCHE PELIGROSO.

Hace tiempo, todos los conductores prudentes americanos temían encontrarse con el coche que llevaba esta matrícula.

$$TI\text{-}3VOM$$

¿Sabe Vd. por qué?

1701. NADA ES LO QUE PARECE

Estate atento lector
y resuelve este acertijo:
¿Qué es más bueno que Dios
y más malo que el diablo?
¿Qué necesitan los ricos
que los pobres ya lo tienen,
y de qué cosa te hablo
que si la comes te mueres?

1703. ADIVINANZA ELEGANTE.

¿Cuál es la adivinanza de la despedida?
¿Nunca ha oído Vd. hablar de ella?

1705. VAMOS AL CINE.

Cinco amigas están esperando a sus respectivas parejas para ir al cine.

¿Qué hora es?

Más tarde llegan todos los chicos juntos.

¿Qué hora es ahora?

1707. ¡QUÉ MALVADO!

Paco estaba empecinado en hacer que su mujer, Esther, se sintiera mal, diciéndole repetidamente que no valía nada.

Esther, lloraba y lloraba y le recriminaba su actitud.

Paco, para demostrarle lo que decía, hizo señas a un taxi y este se detuvo frente a ellos.

¿Qué hizo Paco tras parar el taxi?

¿Podrá Vd. encontrarlos?

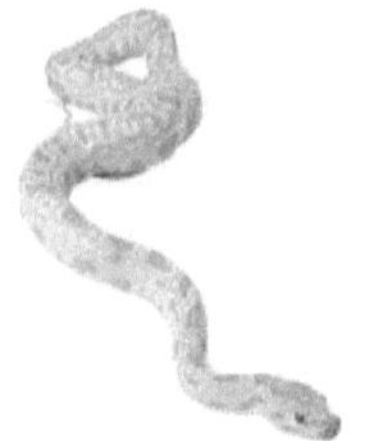

1709. TIENE AGUA Y NO ES BOTIJO.

Acertijo, acertijo:

Tiene agua y no es botijo,

está siempre en el jardín

y cada vez que se enrosca,

aunque no espanta una mosca,

tiene pinta de reptil.

1711. SOLAMENTE CON MIRAR.

¿Qué es?

1713. CERVANTES Y SHAKESPEARE.

Cervantes sólo encontró la letra V y el número 5.

¿Qué es lo que sólo pudo encontrar Shakespeare?

1715. APAGANDO FOCOS.

El garaje de un bloque de viviendas es iluminado por 10 focos muy especiales.

Al tocar cualquiera de ellos, todos los demás cambian su estado, el que está encendido se apaga y el que está apagado se enciende.

El foco que se toca permanece como estaba.

Si todos los focos están encendidos, ¿cómo puede conseguir Vd. apagarlos todos?

¿Qué pasaría si en lugar de 10 focos tuviéramos 20, 60 o 100?

¿Qué pasaría si en lugar de 10 focos tuviéramos 11, 33 o 99?

1717. GRAN VELOCIDAD PUNTA.

Tomás veía que la línea de meta se acercaba, echó a correr con todas sus fuerzas, pasó a los demás y ganó la carrera con gran ventaja.

El ganador recibiría 6.000 euros y una medalla de oro.

Sin embargo, a Tomás, no le entregaron ni una cosa ni la otra.

No dio "positivo" en el control antidoping ni tampoco fue descalificado.

¿Cómo se explica que no le concedieran los premios?

1719. LAS GAFAS DE SOL.

Mi mujer se compró ayer unas gafas de sol con cristales muy oscuros.

Con ellas puestas necesita encender dos lámparas para ver con la misma claridad lo que antes veía encendiendo una sola lámpara.

¿Cuántas lámparas necesita encender para verse los ojos en el espejo con las gafas puestas si quiere verlos tan claramente como sin gafas pero con una lámpara?

1721. EXTRAÑOS SIGNOS.

¿Qué significan estos signos?

1723. LOS GATOS.

Cuatro gatos en un cuarto,
cada gato en un rincón,
cada gato ve tres gatos,
adivina cuántos gatos son.

1725. ANIMALES EN COMÚN.

¿Qué tienen en común los siguientes animales?

Elefante - Oso hormiguero - Jirafa - Avestruz

1727. TODOS LOS IDIOMAS.

Puede hablar todos los idiomas.

¿Quién es?

1729. MONTONES DE PAJA.

Un agricultor tiene trece montones de paja en el prado y cuatro montones en el pajar.

Si los junta todos, ¿cuántos montones tendrá?

1731. SIN SESOS.

¿Cuál es la cabeza que no tiene sesos?

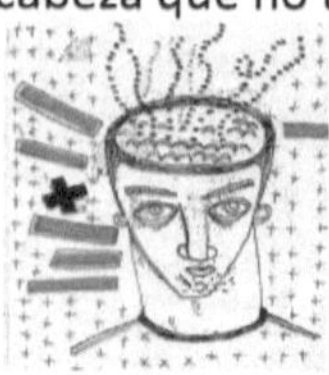

1733. ZAPATOS DE SERPIENTE.

¿De qué color son los zapatos de serpiente?

1735. TIRANTES DE COLOR.

¿Para qué usan los campesinos tirantes de color?

1737. LA CAÍDA DEL CABELLO.

¿Qué es lo único capaz de detener la caída del cabello?

1739. DICHOSOS MOSQUITOS.

¿Qué debemos hacer para que los mosquitos no nos piquen de noche mientras dormimos?

1741. LOS DÍAS CONTADOS.

¿Quién tiene los días contados?

1743. EN LA BOCA.

¿Por qué los perros llevan los huesos en la boca?

1745. IMPERDIBLE.

¿Qué se puede llevar en un bolsillo roto y ser imposible perderlo?

1747. LA HAWAIANA.

Hay una misión que cumplir: Salen de su lugar de origen un joven y una hawaiana a las 7:00, pero un policía los detiene a los 20 min., y los distrae 5 min., por lo cual salen de este problema a las 7:25. Llegan a su destino para lograr la misión a las 7:31 por lo tanto la misión no se pudo cumplir.

¿Quién es el joven?

¿Quién es la hawaiana?

1749. ¿QUÉ LES PASA A ESTOS?
¿Por qué están así las personas de las fotos?

1751. MAMÁ.

Una niña, ve a una mujer y grita: ¡Mamá!

Corre emocionada a sus brazos a pesar de haberla visto nunca.

¿Por qué?

1753. CONECTE CUADRADOS Y TRIÁNGULOS.

Tres cuadrados y tres triángulos numerados del 1 al 3, deben conectarse entre sí.

El 1 con el 1, el 2 con el 2 y el 3 con el 3.

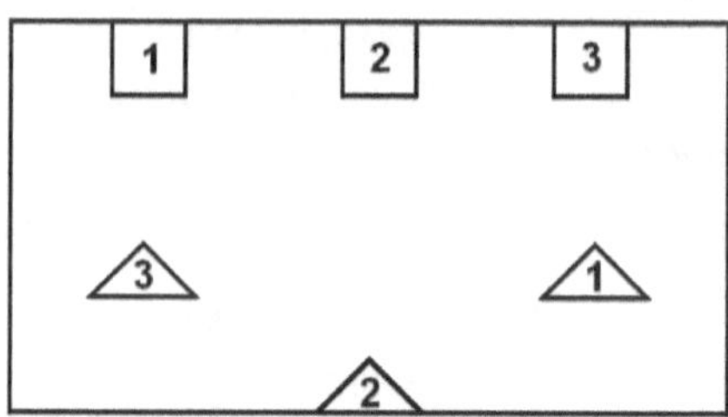

Las líneas que los unan no pueden cruzarse ni tocar los bordes del rectángulo ni salirse del rectángulo.

¿Será Vd. capaz de conseguirlo?

1755. BOLAS EN TARROS.

Tenemos 50 bolas blancas y 50 bolas negras, idénticas excepto en el color.

Debe Vd. distribuirlas en dos tarros de modo que si después toma uno de los tarros elegido al azar, y de ese tarro una bola al azar, la probabilidad de que sea blanca sea la máxima posible.

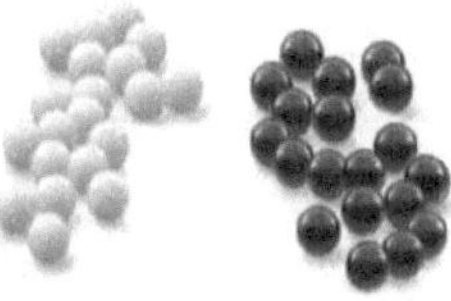

¿Cómo distribuiría las bolas en los tarros?

1757. LA IGLESIA Y LA CIENCIA.

¿Para qué es perfectamente lícito usar las matemáticas, pero no la física según la iglesia católica?

(Es una pregunta un poco embarazosa)

1759. UNO CONDENADO, OTRO NO.

Dos hombres, en dos lugares distintos, planean llevar cabo el mismo delito.

La policía es avisada en ambos casos y llega al lugar antes de que se cometa el delito.

Uno de ellos es detenido mientras lo cometía y no consiguió su objetivo.

El otro sí lo hizo, y pese a que la policía estaba allí, no fue detenido.
¿Por qué?

1761. EL MISTERIO DEL BARRIL.

Le ocurrió a una familia norteamericana.

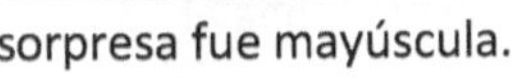

Tenían un buen barril con agua en el jardín, para que bebieran las mascotas.

El barril aparecía de vez en cuando vacío, y no se explicaban el porqué.

Ya cansados de ver como alguien se llevaba el agua decidieron colocar una cámara, para pillar al visitante o dar una explicación al enigma, y la sorpresa fue mayúscula.

¿Qué cree Vd. que era lo que ocurría?

1763. LO VIO POR SEGUNDA VEZ.

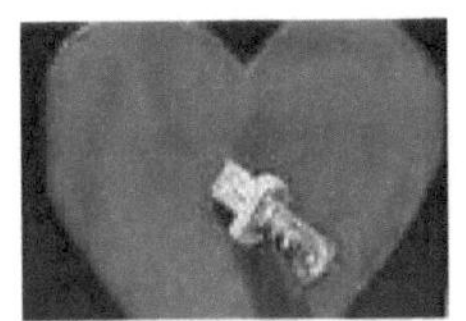

Sara vio desde su casa como en el edificio de enfrente un hombre sujetaba a una mujer, le clavaba un cuchillo en la espalda, limpiando luego toda la sangre derramada.

Aunque era la segunda vez que veía hacer esto al mismo hombre (a otra mujer), no llamó a la policía.

¿Por qué actuó así Sara?

1765. CON O SIN POLLITO.

¿Qué pesa más un huevo con pollito o sin pollito?

1767. EN EL PUEBLO.

¿Que se suele hacer en los pueblos pequeños cuando se pone el sol?

1769. LA SIESTA.

¿Qué escritor tuvo mucho que ver con el invento de la siesta española?

1771. EN LAS MEJILLAS.

¿Es cierto que el color en las mejillas de la mujer es señal de buena salud?

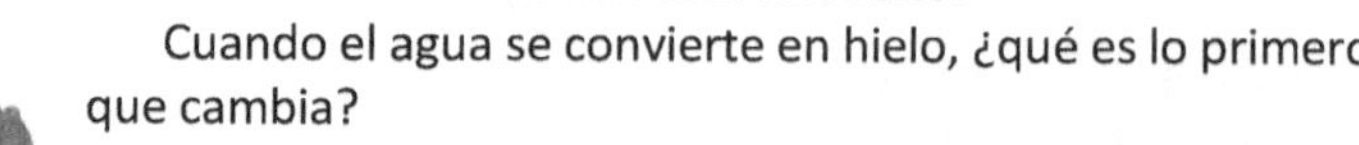

1773. AGUA A HIELO.

Cuando el agua se convierte en hielo, ¿qué es lo primero que cambia?

1775. MUY PESADOS.

¿Qué es más pesado un ordenador o un televisor?

1777. SUICIDIO EN LA HORCA.

Por muy mal que le vaya a una persona en la vida, ¿qué puede sacar con suicidarse en la horca?

1779. MILLONARIOS.

Hay una forma infalible de hacerse millonario.
¿Cuál es?

1781. ENVEJECER.

¿Cuándo comienza un hombre a envejecer?

1783. LA MEJOR.

¿Cuál es el mejor producto lácteo?

1785. PROFESIÓN DESCANSADA.

¿Cuál es la profesión más descansada?

1787. EL PARO.

¿Cuál es la principal causa del paro?

1789. NI POBREZA NI HAMBRE.

¿Cómo combatiría Vd. la pobreza y el hambre a la vez?

1791. HOMBRES BIGOTUDOS.

¿Por qué algunos hombres se dejan el bigote?

1793. A LOS SORDOS DE BARCELONA.

¿Cómo llaman a los sordos de Barcelona?

1795. MORIR Y NACER.

Al morir él, nace su madre.
¿Quién es?

1797. FRASE Y NACIONALIDAD.

Lea en voz alta la siguiente frase:

"Juan es español y su esposa"

¿De qué nacionalidad es la esposa de Juan?

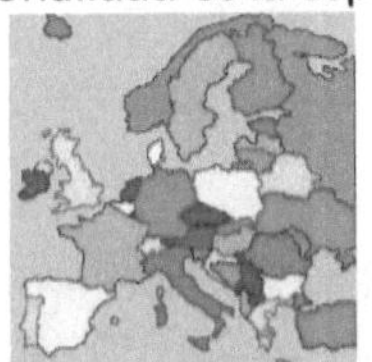

(Está implícita en la frase)

1799. RECORRIENDO MARTE.

He aquí un mapa de las recién descubiertas ciudades y canales de nuestro planeta vecino más cercano, Marte.

Comience en la ciudad marcada con una I, en el polo Sur, y vea si puede deletrear una oración completa recorriendo todas las ciudades, visitándolas sólo una vez y regresando al punto de partida.

Cuando el acertijo apareció, casi todos los lectores dijeron: *"Imposible. No hay manera"*. Sin embargo, es un acertijo muy simple.

1801. A TRAVÉS DE LA LUPA.

¿Cuál será la medida de un ángulo de 10º observándolo a través de una lupa de cinco aumentos?

1803. A CONTAR MESES.

¿Cuántos meses del año tienen 30 días?

1805. UN VINO MALÍSIMO.

¿Cuál es el peor vino que existe?

1807. CERVEZA A GOGÓ.

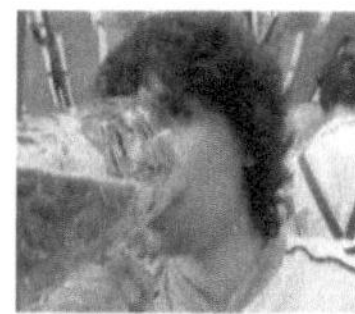

Dicen que en Bilbao hay un señor que es capaz de beberse un litro de cerveza en un segundo.

¿Cree Vd. que es posible?

1809. RESPIRA Y NO VIVE.

Respira y no vive.

¿Quién es?

1811. HABLAN Y HABLAN.

¿Por qué los habitantes de Vitoria (Álava) hablan y hablan y hablan y no se entienden?

1813. CUENTAS Y CUENTAS.

¿Para qué sirve tener cuenta en la lechería, carnicería, panadería, pescadería, etc.?

1815. TICKETS.

Aunque siempre tiene entradas, nunca paga por ellas.
¿Quién es?

1817. RESISTE MUCHO EL CALOR.

¿Cuál es el cuerpo que resiste más el calor?

1819. PELANDO CEBOLLAS.

¿Cómo pelar cebollas para que no lloren los ojos?

1821. ÚNICO MÉTODO.

¿Cuál es el único método infalible para vivir muchos años?

1823. GRAN POLICÍA.

¿Quién ha sido el mejor policía de la historia?

1825. LA CORNADA.

En una corrida de toros, el toro da una cornada al caballo del picador.

¿Quién puede decir que tiene dentro el cuerno, el caballo o el toro?

1827. CASI MAREADO.

¿Qué español ha dado más vueltas al mundo?

1829. CON GUANTES.

¿Por qué los cirujanos al operar suelen utilizar guantes?

1831. EL FUTURO.

Los astrólogos, a través de la astrología, ¿creen Vd. que pueden adivinar el futuro?

1833. INOLVIDABLE.

¿Quién cantaba la canción: "Tus manos en mi cintura"?

1835. EDAD DEL JARRÓN.

¿Cómo se puede adivinar la edad de un jarrón en Aragón?

1837. PESCANDO BALLENAS.

Tengo un tío que de joven fue pescador de tiburones.
Para pescarlos introducía el brazo en su boca.
Le llamaban EL TEMERARIO y EL INTRÉPIDO.
¿Cómo cree Vd. que le llamarán ahora que ya está jubilado?

1839. LAS CUERDAS DEL VELERO.

¿Cuántas cuerdas hay en un barco velero?

1841. GANAS DE LLUVIA.

¿Cuál es el hombre que más desea que llueva?

1843. GENERACIONES DE JÓVENES.

¿Cuáles son las diferencias más apreciables entre los jóvenes de ahora y los jóvenes de hace 50 años?

1845. DIFICULTAD.

¿Cuál es la mayor dificultad que encuentra una mujer a la hora de comprarse un abrigo de pieles?

1847. SURCOS DEL L.P.

Aproximadamente, ¿cuántos surcos tienen un L.P. de vinilo de 6 canciones por cada cara?

(Se permite un error de ±25)

1849. MUY LLORONA.

¿Qué caja cuando se arruga, gimotea?

1851. EL CIRCUITO Y LOS COCHES.

Dos bólidos salen al mismo tiempo. La primero tarda normalmente un minuto en dar una vuelta a un circuito de 1 km, y el segundo tarda 61 segundos.

¿Al cabo de cuántas vueltas, y en qué lugar del recorrido, alcanzará el segundo bólido al primero?

1853. PERRO SIN PATAS.

¿Cómo se le llama al perro que no tiene patas?

1855. PEZ MOJADO.

¿Cuál es el pez que siempre va mojado?

1857. ME LA PONGO, ME LA QUITO.

Me pongo la capa para bailar,
Me quito la capa para bailar,
Yo no puedo bailar sin capa,
Y con capa no puedo bailar.

1859. ¿VOY O VENGO?

Adivina quién soy yo,
Al ir, parece que vengo,
Y al venir es que me voy.

1861. LA PANADERÍA.

Al coche de mi vecina le llaman "la panadería".
¿Sabe Vd. por qué?

1863. BAILE PERRUNO.

¿Cuál es el baile preferido de los perros?

1865. LAS CUATRO HIJAS DE AGONÍA.

La señora Agonía Paredes tenía cuatro hijas.
Las llamaban "LAS PAREDES", al padre (Juan Hernández) le llamaban "EL TECHO".
¿A qué se debe el apelativo con el que conocían al padre?

1867. LA HORA DEL ACEITE.

Hoy me he levantado a la que, en muchos países, está considerada como la hora del aceite.
Aunque podría haberme levantado cinco minutos antes, ya que, sin duda, hubiera sido lo más natural.
¿A qué hora me he despertado?

1869. BISECCIÓN CÚBICA.

Quite seis palillos de forma que quede sólo un cubo.

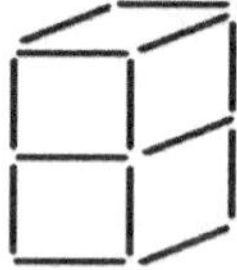

1871. ALEGRE OFICIO.

¿Cuál es el oficio más alegre?

1873. EXTRAÑA PAREJA.

Parece una pareja extraña.

¿A Vd. qué le parece?

1875. DE DROGATAS.

¿Quién fue el primer drogata de la historia?

1877. ARENA EN EL HOYO.

¿Cuánta arena hay en un hoyo de 30x30x30 metros?

1879. ENTRE HERMANOS.

Una familia está formada por el padre de 50 años, la madre de 47, un hijo de 22 y una asistenta de 21.

Al morir la madre, ¿qué debería pasar para que el padre y el hijo fueran hermanos?

1881. JUNTO AL INICIO EL FIN.

En su interior hay espacio pero no tiene volumen.
A pesar de su tamaño, junto a su inicio está el fin.
Y pase lo que pase, tú tienes el control.
¿Qué es?

1883. EL AUTÉNTICO DEL PSOE.

¿Tiene algo extraño el teclado adjunto?

1885. AYER TUVE UN MAL DÍA.

Hoy estamos a 31 de agosto de 2018.

Ayer no fui capaz ni siquiera de anotar la fecha en mi diario.

Hoy al menos he puesto el día y el mes, pero cuando llego al año pienso que jamás podré volver a escribirlo.

Y realmente digo la verdad.

¿Puede Vd. describir mi estado en un sólo adjetivo?

1887. HOMBRE, AVE Y VEGETAL.

Nace como hombre, crece como ave y muere como vegetal.

¿Quién es?

1889. DE PEQUEÑO.

Actualmente estamos en el siglo XXI. Pero, ¿en qué siglo nació Jesucristo?

1891. POBRES TIERRAS.

¿Cuáles son las tierras menos fértiles del mundo?

1893. GRAN EMPRESARIO.

¿Quién ha sido el empresario más eminente que haya existido jamás?

1895. CUBANOS.

Alguna vez se ha dicho que Adán y Eva eran cubanos.

¿Sabe Vd. por qué?

1897. TIGRES.

Un tigre es una fiera, dos tigres son dos fieras y tres tigres, ¿qué son tres tigres?

1899. UNA DE ROMANOS.

Julio César encargó 50 togas grandes.
Pero, sobre todo, necesitaba togas medianas.
¿Cuántas?

1901. LOS CINCO CONDUCTORES.

Cinco amigos van en coche de excursión por una autopista.

Todos conducen y hacen 200 km en dos horas.
¿Cuánto tardarán en recorrer 1.000 km?

1903. QUE TE PILLO.

Ccuanto más corremos, más nos cuesta cogerlo.
¿Qué es?

1905. MATEM. CON DOBLE SENTIDO.

¿Será Vd. capaz de titular adecuadamente la siguiente viñeta?

1907. TONOS DE GRIS.

¿Qué bola de las señaladas tiene el mismo tono de gris que la "a", la "b" o la "c"?

1909. SOPA DE ALGUNAS LETRAS.

A un usuario de las pastas Gallo se le ocurrió revisar las letras que había en la "Sopa de letras" de dicha marca y comprobó que faltaban siempre la W y la U.

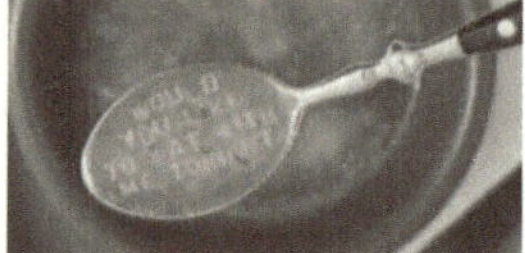

¿Sabe Vd. a qué es debido, según dijo la empresa?

1911. ¿LE APETECE O NO?

Al irse a acostar, la esposa lanzó al aire las almohadas y quedaron en esta posición:

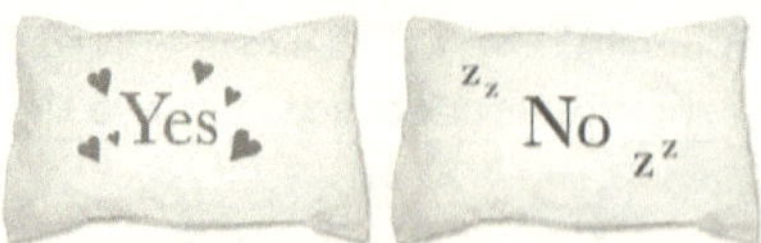

El marido al ver las almohadas debe entender si a su pareja le apetece o no.

Si cada noche hace la misma operación, ¿sabe Vd. cada cuánto tiempo le apetecerá?

1913. CALENDARIO.

¿Cuál fue el último año en el que coincidieron, según el actual calendario, el día de Navidad y el día de Año Nuevo?

1915. EL VETERINARIO TENÍA RAZÓN

Pese a que tenía claros síntomas de estar enfermo, cuando el veterinario lo examinó, comprobó que estaba perfectamente de salud.

¿Qué es lo que ocurría?

1917. LO DIJO PLATÓN.

Se cuenta que un hombre que no es un hombre, viendo y no viendo a un pájaro que no es un pájaro, posado en un árbol que no es un árbol, le tira y no le tira una piedra que no es una piedra.

¿De qué se trata?

1919. SILENCIO, SE RUEDA.

SSSSSSSSSSSS

ΣΣΣΣΣΣΣΣΣΣΣΣ

SSSSSSSSSSSS

SSSSSSSSSSSS

SSSSSSSSSSSS

SSSSSSSSSSSS

¿Cuánto tiempo hace de eso?

1921. EL PANADERO.

Un panadero añadía un ingrediente a todos sus panes que los hacia enmohecer en 3 días, volviéndose así incomestibles.

¿Por qué?

1923. LA CASA MALDITA.

Salió de su casa y fue raptado y asesinado.
Su vecino, inmediatamente después, fue a
la casa vacía y la casa y el desaparecieron.
¿Puede Vd. explicarlo?

1925. TRABAJO POR TRIPLICADO.

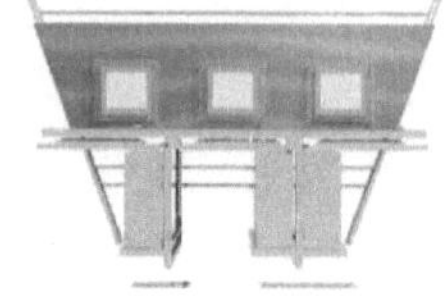

Hizo su trabajo por triplicado, a pesar de que
sabía que dos de los productos que realizó serían
descartados y nunca usados.
¿Qué productos eran?

1927. MAYOR POTENCIA SEXUAL.

¿Cuál es el animal que tiene más potencia sexual?

1929. ARCO IRIS RACISTA.

¿Por qué el arco iris es racista?

1931. MURIERON EL MISMO DÍA.

Aunque la fecha de la muerte de Cervantes
y Shakespeare fue el 23 de abril de 1616, lo
cierto es que uno murió 10 días antes que otro.
¿Cómo es posible?

1933. COMPOSICIÓN DEL CHOCOLATE.

¿Qué elementos químicos componen el chocolate?
(Tenga en cuenta que es un acertijo)

1935. QUEDA MELLADO/A.

Pierde los dientes cuando muerde.
¿Quién es?

1937. VUELTA A LA MANZANA.

Da la vuelta a la manzana sin moverse.
¿Quién es?

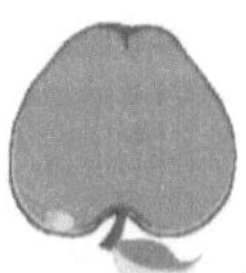

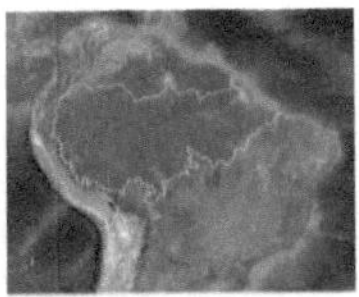

1939. EN LA SELVA.

¿Qué pasa en la selva amazónica todos los días, incluidos festivos, de 7 a 8 de la tarde?

1941. VIVA LA DEMOCRACIA.

En Estados Unidos, un ciudadano americano puede entrar en la Casa Blanca e insultar al presidente de los E.E.U.U. sin que por eso le condenen.

¿Puede hacer lo mismo un ruso entrando en el Kremlin?

1943. LO USAN LOS DEMÁS.

Le pertenece a Vd. y los demás lo usan más que Vd.
¿Qué es?

1945. SI ESTUVIERA VIVO.

¿Qué cree Vd. que estaría haciendo ahora mismo Elvis Presley si estuviese vivo?

1947. GRAN AYUDA.

¿Qué es lo que más ayuda a soportar la pobreza?

1949. LO DICE EL PADRE.

¿Qué es lo que dice el padre cuando su hijo habla mucho?
¿Y cuándo está muy callado?

1951. RACISTA O ANTIRACISTA.

¿Por qué se dice unas veces que el piano es racista y otras que es antirracista?

1953. HACIENDO RUIDO.

Haciendo ruido vienen,

haciendo ruido van;
y, cuando mañana vuelvan,
de igual manera se irán.

¿Quiénes son?

1955. A DESHORAS.

¿Con quién hay que entrar en casa, para que no te oiga tu mujer, cuando llegas muy tarde por la noche?

1957. CON MI HERMANA GEMELA.

Yo con mi hermana gemela,
andamos siempre al compás,
con la boca por delante,
y los ojos por detrás.

¿Quiénes somos?

1959. ANTONIO EL MAGO.

Mi amigo Antonio afirma que, los fines de semana, es capaz de transformar calabazas en merluzas.

¿Será posible?

1961. LA ROPA Y EL SEXO.

¿Por qué antes del sexo cada uno ayuda al otro a desnudarse y después cada uno se viste solo?

1963. MARCAS ENFRENTADAS.

Existe en el mercado una marca de teléfonos móviles que niega una marca de coches.

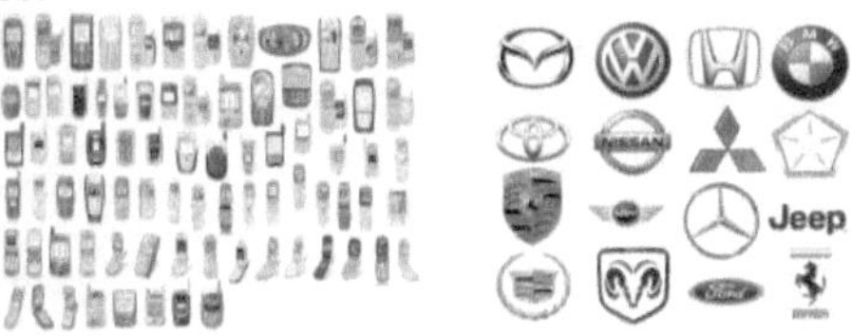

¿Sabe Vd. cuales son dichas marcas?

1965. ENTRE 14 Y 21.

Después de tres años de ayuno y meditación, el sabio abre la boca y dice:

¡Acabo de tener una revelación! Todos los números están entre catorce y veintiuno.

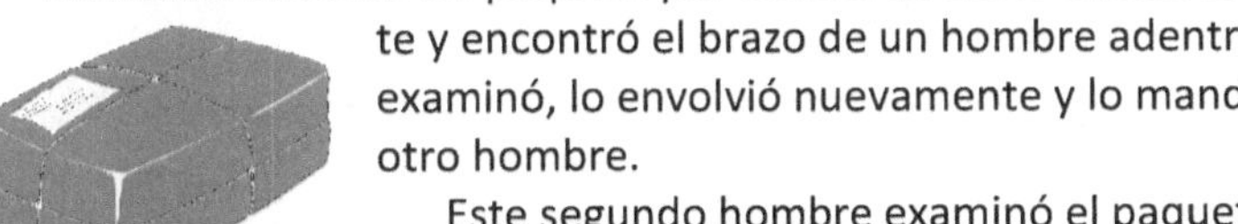

¿Cómo se explica?

1967. EL PAQUETE.

Un hombre recibió un paquete por correo. Lo abrió cuidadosamente y encontró el brazo de un hombre adentro. Lo examinó, lo envolvió nuevamente y lo mandó a otro hombre.

Este segundo hombre examinó el paquete que contenía el brazo muy cuidadosamente también, y luego, lo llevó hasta un bosque en donde lo enterró.

¿Por qué hicieron esto?

1969. EL NÚMERO MISTERIOSO.

En la imagen adjunta se observa el número 12939.

Es de un anuncio.

¿No le resulta familiar?

1971. EL CAVERNÍCOLA.

Un cavernícola está en una cueva y quiere salir de ella, pero no puede porque si sale por la izquierda, le comen los tiburones, por la derecha, los tigres, por delante se electrocuta y por atrás le apedrean.

¿Por dónde saldrá?

1973. VAQUERO VIENE Y VA.

Un vaquero llega a su pueblo en viernes, se queda en él 3 días y se vuelve a ir en viernes.

¿Cómo es posible?

1975. LA GRAN NEVADA.

Acaba de nevar abundantemente.

Carlos sale de su casa y observa que hay el doble de nieve en su jardín que en el de su vecina María.

No obstante, no se sorprende.

¿Por qué?

1977. LA BOTELLA EN LA MESA.

En el centro de una mesa, sobre un mantel de 30 cm. de diámetro, hay una botella de vino abierta.

¿Cómo quitar el mantel sin derramar el vino y sin tocar la botella con ningún otro objeto ni con alguna parte del cuerpo?

1979. MAREADO EN EL TREN.

Bernard era el presidente de un banco de Wall Street.

Una mañana, mientras subía, con su sobrino, a un tren atestado, se sintió muy preocupado.

Cuando el tren se detuvo, él descendió, se sentía muy descompuesto, pero no estaba preocupado.

¿Por qué?

1981. INTUICIÓN MASCULINA.

Un hombre iba bajando las escaleras de un edificio, cuando advierte súbitamente que su mujer acaba de morir.

¿Cómo lo sabe?

1983. LOS MONOS.

Tres monos caminan uno tras otro en una fila india, primero va el papá mono, le sigue la mamá mona y luego viene el bebé mono.

¿Quién de ellos puede decir: "detrás de mi hay dos monos"?

1985. DE TORTILLAS A HUEVOS.

Cualquier persona con habilidades culinarias medias puede tomar unos cuantos huevos y elaborar con ellos una tortilla.

Lo contrario, claro está, es más difícil, costaría mucho fabricar un dispositivo que recibiera tortillas de huevos como entradas y produjera a la salida huevos enteros.

Contando con un presupuesto ilimitado, los más brillantes ingenieros probablemente no lo conseguirían.

¿Sería Vd. capaz de dar alguna idea a los brillantes ingenieros?

1987. LO USA Y NO LO VE.

El que lo hace lo vende, el que lo compra no lo usa nunca y el que lo usa, nunca lo ve.

¿Qué es?

1989. FELIZ NAVIDAD.

En el bonito cartel adjunto, ¿qué es capaz de leer Vd.?

1991. LA CHULETA EN LA MESA.

En mi etapa de estudiante utilizaba un sistema para tener la chuleta encima de la mesa y que el profesor sólo viera el examen.

¿Se imagina Vd. cuál era ese sistema?

1993. PUBLICIDAD BESTIAL.

Las siguientes imágenes forman parte de anuncios de una marca de cosmética.

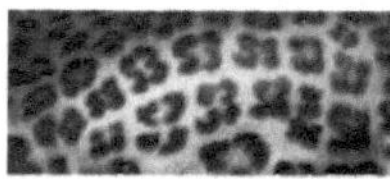 

¿Qué tipo de producto cree Vd. que anuncian y cuál puede ser el eslogan?

1995. UN RELOJ DE PARED.

Un reloj de pared da cuatro campanadas en 15 segundos, al dar las 4 de la tarde.

¿En cuánto tiempo dará las 9 campanadas de las 9 de la noche?

1997. EL EURO Y SUS CÉNTIMOS.

¿Dónde falla la siguiente demostración?

1 euro = 100 céntimos = 10x10 céntimos = 0'10x0'10 euros = 0'01 euros. = 1 céntimo.

1999. UNO = CERO.

¿Cómo se puede demostrar experimentalmente que 1 = 0?

2001. MUY PIJA.

¿Cuál es la parte más pija del cuerpo humano?

2003. NO SE HACEN DAÑO.

Son compañeros, se pasan el día peleando y nunca se hacen daño.

¿Quiénes son?

2005. BOTONES DORADOS.

¿Por qué los soldados españoles llevaban botones dorados en los uniformes?

2007. EL PRIMER DEBER.

¿Es cierto que el primer deber del soldado, es el de morir por su patria?

A mí no me parece lógico.

¿A Vd. qué le parece?

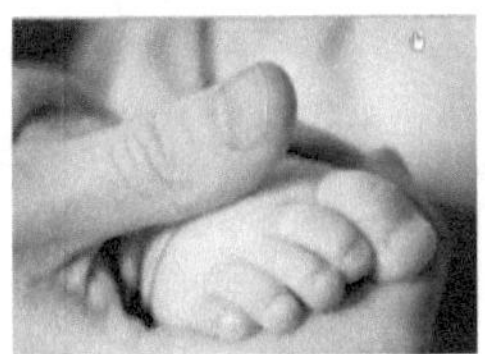

2009. VIDA Y MATEMÁTICAS.

¿Sabe Vd. a que fracción se refiere la imagen adjunta?

2011. DELANTE Y DETRÁS.

¿Qué es lo que tiene tu madre delante que tú lo tienes detrás?

2013. RETRASO NORMAL.

Un tren sale de Barcelona a las 3 de la tarde y debe llegar a Madrid a las 10 de la noche pero tiene una avería por el camino, lo arreglan y llega a Madrid a las 12 de la noche.

¿De qué color llega a Madrid?

2015. LA ARMADURA.

¿En qué famoso museo, conocido en todo el mundo, se conserva la armadura del Quijote de la Mancha?

2017. SALTANDO ALTO.

¿Podría Vd. saltar más alto que una pared de 10 metros de alto?

2019. DE 23 CABEZAS.

En una animada tertulia, alguien exclamó sonriente: *"Tengo un animal en mi propiedad que tiene 23 cabezas y estoy dispuesto a apostarme cualquier cosa con ustedes a que lo que digo es rigurosamente cierto".*

Todos se quedaron dudando, pero nadie acepto la apuesta.
¿Sabe Vd. de qué animal hablaba?

2021. CANTA, NO CANTA.

¿Quién es el que siendo hembra canta y siendo macho no?

2023. NADIE Y NINGUNO.

Entre nadie y ninguno construyeron una casa, nadie salió por la puerta y ninguno por la ventana.
¿Quién se quedó dentro?

2025. LA RADIO SE PARÓ.

Carlos escuchaba la radio, cuando de repente esta quedó muda.
Al cabo de un minuto el sonido retornó.
Nada funcionó mal en la radio ni en la estación que emitía el programa ni se interrumpió la corriente eléctrica.
Carlos no tocó el aparato.

¿Qué es lo que pasó?

2027. SUBMARINISTA ABRASADO.

Tras un gran incendio intencionado, los investigadores encuentran en el foco principal de dicho incendio a un hombre ataviado con un traje de submarinismo y unas gafas completamente calcinado.

¿Por qué el presunto pirómano iba vestido de submarinista?

2029. EL PINCHAZO.

Al intentar cambiar la rueda del coche, tras un pinchazo, los cuatro tornillos se me cayeron a una profunda alcantarilla.

No tenía tornillos de repuesto ni la posibilidad de recuperar los de la alcantarilla ni de ir a comprar unos nuevos.

¿Cómo pude resolver la situación y seguir mi camino?

2031. INVENTANDO ADIVINANZAS.

Busque, invente una adivinanza en la que la solución sean los mocos.

2033. ERRORES.

En este acertijo se cometen tres errores.
París es la capital de Francia.
Dos más dos es igual a cinco.
América fue descubierta en 1492.

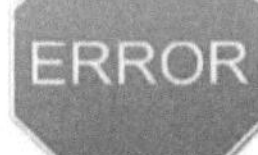

¿Cuáles son los errores?

2035. COMO LOS OLORES.

Son como los olores.
Los nota más la persona de al lado que el que los lleva.
¿De qué se trata?

2037. DESHONRA.
Deshonra tanto a quien la recibe como a quien la da.
¿De qué se trata?

2039. EMERGENCIA.
Cuando Vd. lo nombra parece que solicita ayuda.
¿Qué es?

2041. APUNTA PARA ABAJO.
Apunta para abajo y da en el blanco en la parte de arriba.

Nunca falla.
¿Qué es?

2043. RICO Y POBRE.
¿Quién es el hombre que es pobre y rico a la vez?

2045. SER O NO SER.
¿Cuál es la cosa que antes de serlo también lo era?

2047. SE MURIÓ.
¿Qué le pasó a Juana la Loca cuando se murió su marido?

2049. EL HADA APARECE.
Si se le apareciera a Vd. un hada con una varita mágica y le invitara a pedirle algo que desee poseer, ¿qué es lo mejor que se le puede pedir?

2051. TRES TAZAS DE HARINA
Para hacer galletas se necesitan 3 tazas de harina.

Sólo tengo un recipiente que mide 2 tazas y otro que mide 7, y ninguno tiene marcas.

¿Cómo medir 3 tazas exactas con esos dos recipientes?

2053. DOLOR DE CORAZÓN.

¿Cuál es el mejor remedio para el dolor del corazón?

2055. TRENES Y JEFES DE ESTACIÓN.

Un tren parte de la estación A hacia la B a una velocidad de 60 km/h. y con el viento en contra.

Otro tren parte a la misma hora de la estación B al encuentro del primero; su velocidad es de 45 km/h.

La velocidad del viento es de 30 km/h. y la distancia entre A y B es de 60 km.

¿Cómo se llaman los jefes de estación?

2057. POR VÍA ORAL.

¿Sabe Vd. cuál es el mejor anticonceptivo por vía oral?

2059. POR EL CALLEJÓN.

Un hombre corre desesperadamente por un callejón empedrado.

De repente cae al suelo de frente, pero lo que sangra es su nuca.

¿Cómo es esto posible?

2061. VECINOS PELEÁNDOSE.

Carlos volvía de su trabajo nocturno, le resultaba imposible dormir de día viviendo al lado de los desagradables vecinos de la casa contigua. Cuando no estaban dando una ruidosa fiesta, se estaban peleando, o cualquier otra cosa. Y ese día no era una excepción.

El ruido empezó nada más dormirse y, naturalmente, le despertó. Primero empezaron a gritarse, tras las voces, comenzaron a volar objetos. Se levantó y vio como él le estaba dando una paliza a su mujer. De vez en cuando ella lograba dar un buen golpe, pero llevaba claramente las de perder. Lo sintió mucho por ella, pero tenía mucho sueño y se volvió a la cama.

¿Por qué Carlos no hizo nada para ayudar a la pobre vecina?

2063. DE PASEO

Dos chicas iban de paseo juntas charlando. Al cabo de un buen rato una de ellas había caminado 6 km mientras que la otra 15 km.

En ningún momento se separaron y en algunos momentos escucharon la misma música del pequeño reproductor de una de ellas.

¿Cómo es posible?

2065. CORRE, CORRE.
¿Por qué huye el tiempo?

2067. ¡SOCORRO!
¿Qué se le debe decir a una persona que se está ahogando?

2069. AHORA EN VENTANILLAS.

Larra escribió: *"Vuelva usted mañana"* criticando la respuesta habitual que el ciudadano recibía en las ventanillas de las oficinas públicas.

¿Qué frase actualmente sustituye a la frase de Larra?

2071. BESOS.
¿Cuáles son las parejas que no se suelen besar?

2073. PAÑUELO AL MAR.

¿Qué le pasa a un pañuelo verde cuando lo tiran al mar Rojo?
¿Y si lo tiran al mar Negro?

2075. EL VIEJO COWBOY.

Un viejo cowboy llegó a un rancho en "JUEVES", pasó
allí una semana y salió de allí en "LUNES".
¿Cómo es posible?

2077. UN GRAN PESCADERO.

En el barrio de Chamberí de Salamanca, vive
un pescadero que mide 2 m. de altura y calza
un 50 de pie.
¿Qué pesa?

2079. LO ECHAN EN FALTA.

Lo suelen echar en falta los explorado-
res, cuando están en la jungla muchos días.
¿Qué es?

2081. UN TANTEO INCREÍBLE.

El día 2-8-2007 se produjo el resultado de 5040-5003 en un partido
de un cierto deporte.

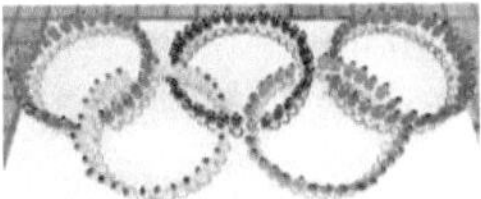

¿De qué deporte se trata?

2083. DEL MULTIMILLONARIO.

Para comprender la angustia de un multimillonario que pierde unos millones en un negocio, ¿qué
hace falta?

2085. CON HONORES.

¿Qué hace falta para ser enterrado con honores militares?

2087. SE ODIAN.

¿Cuáles son las personas que más se odian?

2089. VA AL MONTE Y VUELVE.

Cuando va al monte va harta y cuando vuelve a casa vuelve encogida.
¿Qué es?

2091. MUCHOS ATRACOS.

¿En qué lugar se producen más atracos?

2093. SIGNOS DE VEJEZ.

Hay cuatro signos seguros de envejecimiento.
Tres de ellos, y por este orden, son:
1. Olvidar los nombres.
2. Olvidar las caras.
3. Olvidar abrocharse los pantalones.
¿Sabe Vd. cuál es el cuarto?

2095. ENCIMA DEL BANCO.

Allá por los años 90, se dijo que el arco iris estaba sobre el Banco de España.

¿Sabe Vd. por qué?

2097. VAYA MONSTRUO.

No tiene boca ni lengua ni voz y habla.

No tiene pies y corre.
No tiene alas y vuela.
Es blanca como la sal o como la cal.

¿Qué es?

2099. APUESTA ACUÁTICA.

Dos avaros, uno de 30 años y otro de 40, hicieron una apuesta.

El que resistiera más tiempo debajo del agua de la piscina, ganaría 10.000 euros.

¿Cuál cree Vd. que fue el resultado?

2101. CALOR Y FRÍO.

Yo tengo calor y frío
y no frío sin calor
y sin ser mar ni río,
peces en mi he visto yo.
¿Qué es?

2103. MODERNA ENFERMEDAD.

¿Cuál es la enfermedad 2+1?

2105. 4x4 DE CARTAS.

Tome de una baraja española los 4 ases, las 4 sotas, los 4 caballos y los 4 reyes.

Colóquelos formando un cuadrado 4x4 de manera que, en ninguna fila, ninguna columna y ninguna de las dos diagonales haya dos cartas del mismo palo o de la misma figura.

2107. AUNQUE SE RESISTA.

Un hombre se dirige inexorablemente al centro de un campo, sabe que cuando llegue allí morirá, pero no puede dejar de ir por más que se resista.

¿Puede Vd. explicar la situación?

2109. OBSERVANDO LA CARRERA.

En una carrera, un espectador observó que dos corredores llegaron antes que otro; dos, después que otro, y uno en medio de otros dos corredores.

¿Cuál es el número mínimo de corredores para que se diera esta situación?

2111. VARONES ORIENTALES.

¿Por qué los varones chinos comen mucho más arroz que los varones japoneses?

2113. CADA HORA Y PICO.

¿Qué suceso se repite cada 65 minutos 27.3 segundos?

2115. CELSIUS Y FAHRENHEIT.

Aquella mañana de primavera Cristina se asomaba por la ventana para ver el termómetro que estaba colgado en el exterior del edificio.

¡Mira, Pedro! -exclamó- ¡Hoy hace más calor de lo esperado!

Tranquilízate, querida -dijo Pedro- ese termómetro está graduado en la escala Celsius y no en Fahrenheit.

¿Qué temperatura hacía?

2117. OVEJAS DE PARTO.

Seis ovejas parieron siete corderos.

Ninguna parió dos.

¿Cómo cuadran las cuentas?

(Ojo: Parieron todas)

2119. NIÑOS SÚPERDOTADOS.

Según un estudio, el 90% de los niños americanos de 5 años sabe pintar sin error el mapa del Estado de Colorado.

¿Por qué?

¿Cree Vd. que el 90% de los niños españoles de 5 años también será capaz de hacerlo?

2121. ENCONTRAR AL CONEJO.

Un cierto desafío consistía en realizar un ambigrama de modo que hubiera que buscar dentro de él un conejo blanco.

Uno de los presentados fue este:

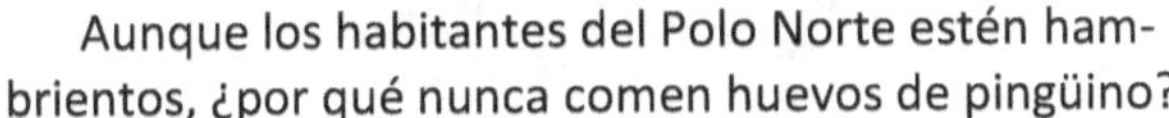

¿Se le ocurre a Vd. alguno que mejore el mostrado?

2123. HUEVOS DE PINGÜINO.

Aunque los habitantes del Polo Norte estén hambrientos, ¿por qué nunca comen huevos de pingüino?

2125. LOS INQUILINOS.

Soy una casa con dos inquilinos, a veces uno, raramente tres.

Vd. rompe mis paredes, se come los huéspedes y después me lanza lejos.

¿Quién soy?

2127. CAMPANADAS DE OTRO RELOJ.

Un reloj tarda 6 segundos en dar las seis.

¿Cuánto tiempo tardará en dar las once?

2129. TRASLADO A LONDRES.

Dos hermanos hablaban.

Uno dijo: Estoy harto de vivir en Birmingham porque tengo que conducir yo siempre. ¿Por qué no nos trasladamos a vivir a Londres?

Su hermano: Eso significa que quieres que conduzca yo siempre.
¿Qué significa su conversación?

2131. EN LA GUÍA NO.

En una ciudad, el 5% de la población no figura en la
guía telefónica.

Si elegimos 1000 nombres al azar de esa guía, ¿cuántos de ellos tendrían teléfonos que no figuraran en ella?

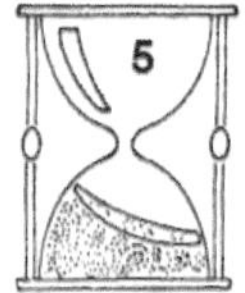

2133. RELOJES DE ARENA (3).

Disponemos de un reloj de arena de 5 minutos,
y de otro de 2 minutos.

¿Cuál es el método más rápido para controlar
la cocción de un huevo, que debe durar 3 minutos?

2135. NI ESTE NI OESTE.

Convénganos que en el Polo Norte es imposible mirar
el norte y que el Polo Sur es imposible mirar hacia el sur.

¿En qué lugar tendríamos que estar para no poder
mirar ni hacia el este ni hacía el oeste?

2137. CAMISAS.

¿A qué equivale camisa y media y camisa y media?

2139. LOS DOS PRESIDENTES.

El vigésimo segundo y el vigésimo cuarto presidentes de los Estados
Unidos de América tenían el mismo padre y la misma madre, y sin embargo no eran hermanos.

¿Cómo pudo ser?

2141. BLANCO O NEGRO.

Entre un burro blanco y un burro negro ¿cuál es el más listo?

2143. BOLAS DE ACERO.

Carlos pesa 80 kilos y lleva consigo 3 bolas que pesan un kilo cada una.

Se acerca a un gran barranco cuya única forma de cruzarlo es por un puente con un límite del peso de 82 kilos.

El puente es muy largo y empinado y no permite echar las bolas a rodar.

¿Cómo puede Carlos cruzar el puente en sólo un viaje, con las 3 bolas?

2145. DEDUCCIÓN.

Como Daniel sospechaba que su mujer lo engañaba, una mañana le dijo que por la tarde iba de viaje de negocios a Roma y que estaría fuera de casa algunos días.

Tras darle la noticia, salió de casa, pero regresó una hora más tarde.

Su mujer ya no se encontraba en casa.

Daniel enseguida descubrió el nombre y la dirección del amante. ¿Qué hizo para ello?

2147. SIN LUZ.

¿Qué estrella nunca tiene luz?
Es real, no es un deportista ni un cantante ni un actor...

2149. LA REDACCIÓN.

¿Cómo está mejor redactado, "llevo una pluma de venado en mi sombrero" o "porto una pluma de venado en mi sombrero"?

2151. COMPUESTO EXPLOSIVO.

Puede que no sea real, pero si alguien lo consigue sintetizar seguro que obtiene un producto efervescente, electrizante y altamente explosivo.

Lanthanum Dysprosium DiGallium

¿A qué nos referimos?

2153. EL MEJOR AJEDRECISTA.

¿Quién ha sido el mejor jugador de ajedrez de la historia?

2155. ACERTIJO AMOROSO.

¿Qué es lo que puede tener copias y ama?

2157. LAS TRES ESCALADORAS.

Tres jóvenes escaladoras están realizando una complicada ascensión.

En un momento especialmente complicado del recorrido en el que están atacan-
do una pared prácticamente vertical, la
última de ellas pierde pie y queda colgando de la cordada que le une a sus compañeras.

Es sus desesperados intentos por volver a sujetarse agita demás la cuerda y la segunda de las jóvenes pierde también agarre.

Ambas cuelgan sobre el vacío y todo su peso tira hacia abajo de la primera de las jóvenes que se aferra desesperadamente a su asidero clavado en la roca. Pero es demasiado el peso que sujeta y sus manos, doloridas, van perdiendo fuerza.

Podrá aguantar muy poco tiempo.

¿Qué hora es?

2159. CAPICÚAS.

¿Conoce Vd. alguna aerolínea capicúa?

¿Conoce algún movimiento artístico capicúa?
¿Conoce algún explosivo capicúa?

2161. FUNCIONARIOS ATEOS.

¿Por qué la mayoría de los funcionarios son ateos?

2163. LA CASA GUARDA.

Aunque tiene dientes
y la casa guarda,
no muerde ni ladra.
¿Qué es?

2165. EL SHAKESPEARE.

En la biblioteca adjunta hay algunos libros colocados correctamente.

El Shakespeare que aparece, ¿es un libro en inglés o en español?

2167. CUIDANDO A LOS NIÑOS.

En un parque hay dos mujeres de mediana edad, sin ningún parentesco consanguíneo, cuidando cada una a su hijo.

Un hombre se acerca y les pregunta ¿de quién son los niños?

Estas responden a coro: son hijos de nuestros hijos y hermanos de nuestros maridos.

¿Cómo puede ser esto posible?

2169. ¿TARJETA PARADÓJICA?

Consideremos esta tarjeta:

CARA 1   CARA 2

En esta tarjeta hay dos afirmaciones	Lo que se dice detrás no es verdad

¿Qué lado es el que miente?

2171. LE RETO A UNA BATALLA.

Le voy a declarar a Vd. la guerra, hipotéticamente, claro.

Su ejército está formado por 10 tanques, 600 soldados, 2 submarinos y un portaviones.

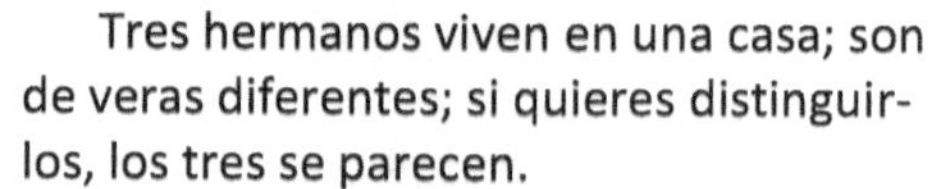

El mío tiene un portaviones, 600 soldados, 2 submarinos y 10 tanques.

Debe Vd. pensar sólo un poco para hallar el vencedor de la batalla, ya que, en toda batalla debe haber un vencedor y un vencido.

Si se rinde consulte la solución.

2173. MOMO ADIVINA.

Momo es la niña, protagonista de la novela Momo, del escritor alemán Michael Ende.

En el capítulo 12, Momo llega a la casa del Maestro Hora, quien le propone el siguiente acertijo.

Tres hermanos viven en una casa; son de veras diferentes; si quieres distinguir- los, los tres se parecen.

El primero no está; ha de venir.

El segundo no está; ya se fue.

Sólo está el tercero, menor de todos; sin él no existirían los otros.

Aun así, el tercero sólo existe porque en el segundo se convierte el primero.

Si quiere Vd. mirarlo no ve más que otro de sus hermanos.

Dígame pues; ¿los tres son uno? ¿O sólo dos? ¿O ninguno?

Si sabe cómo se llaman reconocerá tres soberanos.

Juntos reinan en un país que ellos son. En eso son iguales.

¿Puede Vd. resolverlo?

2175. EL BILLETE Y LA BOTELLA.

Ponga un billete en la mesa y encima una botella vacía boca abajo, de modo que quede en equilibrio sobre el billete.

¿Será Vd. capaz de sacar el billete de debajo sin tocar la botella y sin volcarla?

2177. ASESINADO EN SU COCHE.

Un hombre que fue asesinado en el interior de su coche, tenía dos heridas de bala, una en el pecho y otra en la cabeza.

Al llegar la policía encontró el cadáver sentado en el asiento del conductor, según el forense había muerto hace 20 minutos y los dos disparos procedían del exterior del coche, con lo que se descartaba el suicidio.

Al revisar el coche, no se encontraron impactos de bala, los seguros de las puertas estaban echados y los cristales totalmente subidos e intactos.

Además, las puertas del coche llevaban cerradas más de 45 minutos, es decir, que no abrieron puerta alguna para matarlo.

¿Qué sucedió?

2179. CORTAR EL JAMÓN.

¿Por dónde cortaría Vd. un jamón para que el trozo resultara más grande?

2181. A VOLAR.

Cómete la e,
ponle una a,
mírala muy bien
y échala a volar.

2183. EL CAUDALOSO RÍO.

En el siglo XVI, dos viajeros van en mula camino de Sarajevo y se encuentran con un río que deben cruzar para llegar a la ciudad.

Es imposible cruzar el ancho y caudaloso río a

nado o a lomo de las mulas, no hay un vado a la vista, no hay botero ni nadie para ayudarlos o aconsejarles, no tienen ni tiempo ni herramientas para construir una balsa, y quieren llegar esa misma noche al destino.

¿Cómo lo lograron?

Tenga en cuenta que:

- *No se puede dar un rodeo y buscar un lugar para cruzar más allá.*
- *Consiguen cruzar el río en el punto en el que están.*
- *No encuentran un bote abandonado o escondido en algún lugar.*
- *No tienden una cuerda hasta el otro lado.*
- *No hacen algo muy fantasioso o complicado para poder cruzar.*
- *Cruzan de un modo muy simple.*
- *No se mojan.*

2185. EL FANTASMA DEL CASTILLO.

En el antiguo castillo de Upland, en Escocia, según una centenaria tradición, un fantasma aparece una vez al año.

Una semana que hacía mucho frío el fantasma se apareció dos veces, luego estuvo casi dos años sin aparecer, y sin embargo, la tradición no se rompió.

¿Cómo puede ser?

2187. HUELLAS SIN RASTRO.

El fugitivo dejó las huellas de sus pasos bien marcadas, pero cuando la policía llegó, apenas quince minutos después, de las huellas no quedaba nada.

Ninguna persona las había borrado y no había llovido ni nevado.

¿Cómo se explica?

2189. UNA LEY MUNDIAL.

¿Qué ley se aplica en todo el mundo?

2191. FELINOS.

¿Qué felino tienen un nombre que comienza por la letra M?

2193. NI SIQUIERA UNO.

Pese a poseer una de las mayores fortunas del mundo y pese a que muchos de sus súbditos tienen alguno (incluso varios), la reina Isabel de Inglaterra no puede tener ni siquiera uno.

¿De qué se trata?

2195. EL NOBLE ESCOCÉS.

Lord McCallaghan fue un importante noble escocés que estaba acostumbrado a obtener lo que deseaba.

Un día de 1743 pidió algo de comida y bebida, aunque no tenía hambre ni sed.

No se consiguió lo que deseaba pero a cambio, se le ofreció una galleta y whisky.

Agradeció poder tomar un poquito de cada cosa.

¿Por qué?

2197. ENCUENTRE AL DIABLO.

En la imagen adjunta, ¿es Vd. capaz de encontrar al diablo?

2199. YOGURES.

El otro día me encontré un yogur abollado encima de la mesa de la cocina.

Es posible que se le cayera a alguno de mis hermanos y lo hubiera dejado ahí; así que le quité el abollón y lo metí en la nevera.

Tras cerrarla pensé que ya no sabría identificarlo, lo había mezclado con muchos otros y ya no estaba abollado.

Al día siguiente, tras la comida, quise comerme un yogur de la nevera que no fuera el que ayer le quité el abollón.

¿Qué hice para ello?

(La nevera estaba llena de yogures)

2201. ¿CUÁL FUE LA ELEGIDA?

A un trabajo de vigilante de playa se presentaron como candidatas las tres chicas de las fotos, de nombres Maria, Elena y Eva.

La elegida finalmente fue Eva.
¿Sabe Vd. cuál de las tres es Eva?

2203. ¿HAY ALGÚN ERROR?

¿PUEDE ENCONTRAR EL

EL ERROR COMETIDO?

0 1 2 3 4 5 6 7 8 9

2205. CAMARERO, ¿ME SIRVE?

Aquí tiene, señor.

Camarero, esto es justo lo contrario de lo que le pedí.

Disculpe mi "lapsus linguae"; no nos queda lo que nos pidió, ¿puedo servirle champagne?

Vale, de acuerdo.

¿Qué pidió el cliente inicialmente al camarero?

2207. VIAJE DE TRABAJO.

Juan realiza frecuentes viajes de trabajo en España y en el extran-jero.

En el último, sus jefes esperaban que fuera a la oficina de un importante cliente en la que se realizaría una reunión entre distintos empleados de ambas compañías.

Juan no acudió a la oficina del cliente, estuvo por centros comerciales de la ciudad, en la piscina del hotel...

A la vuelta a su empresa, y con el conocimiento de los jefes de esta falta de asistencia, no fue amonestado por ello.

¿Por qué?

2209. UNA PALABRA.

El siguiente acertijo se soluciona con sólo una palabra.

"Invitado a una cena del grupo de los que no se preocupan por la hipertensión arterial".

¿Sabe Vd. qué palabra es?

2211. RECIEN LLEGADA.

Una mujer de otro país llega a un pueblo en el que nunca había estado, pero es reconocida por la mayoría de la gente del pueblo.

La mujer no es famosa.

¿Cómo es posible?

2213. SILENCIO EN EL TREN

Un hombre entra en el vagón de un tren en el que hay sentada una mujer.

No hay nadie más.

En un momento dado, la mujer sonríe al hombre y le entrega un trozo de papel y un bolígrafo.

Él escribe algo y se lo devuelve. En la siguiente parada, ella se baja y tira el papel a una papelera.

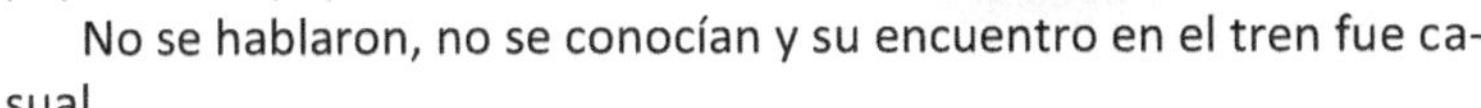

No se hablaron, no se conocían y su encuentro en el tren fue casual.

¿Cómo interpretaría Vd. la historia?

2215. DESCONOCIDO RECONOCIDO.

• Marcelina, hoy he visto a tu novio Indalecio en la piscina del pueblo.

• ¿Mi novio?, ¿Te he hablado alguna vez de él?

• Nunca.

• ¿Nos has visto juntos? ¿Has visto alguna foto de él? ¿Tienes alguna idea de cómo es físicamente? ¿Has hablado con él? ¿Alguien te ha hablado de nosotros o de él?

• Jamás, nada de eso ha pasado nunca.

• ¿Y, cómo sabes que es mi novio?

Pues eso, ¿cómo lo supo?

2217. PIDIENDO CAFÉS.

Observe las viñetas:

¿Cuánto vale la x en la respuesta final de la camarera? Explicado, claro.

2219. LA MALA NOTA.

Aunque tuvo una actuación espectacular, todo el mundo vio que su puntuación fue: "1".

Todos quedaron sorprendidos hasta que se aclaró la situación.

¿Sabe Vd. qué es lo que pasó?

(Es un hecho real)

2221. TITULANDO.

¿Cómo titularía Vd. la siguiente imagen?

2223. LA LANA QUE NECESITABA

Andrea fue a una tienda de venta de lanas, con una bufanda, a comprar lana para hacer otra igual para su madre.

¿Qué hizo la vendedora para darle a Raquel exactamente los ovillos necesarios para tejer la bufanda para su madre?

2225. CONTANDO EL GANADO.

Pedro y Elena están en el campo donde pasta el ganado.

Ambos tienen una correcta visión y están observando un grupo de rumiantes.

Elena ve la misma cantidad de toros que de vacas, mientras que Pedro ve el doble de vacas que de toros.

¿Cómo es posible?

¿Cuántas vacas y toros hay en el campo?

2227. BARAJANDO CARTAS.

Barajamos una baraja de póker de 52 cartas las veces que queramos y la dividimos en 2 montones de 26 cartas cada una.

¿Cuál es la probabilidad de que en el montón 1 haya el mismo número de cartas rojas que negras en el montón 2?

2229. LA PIZZA.

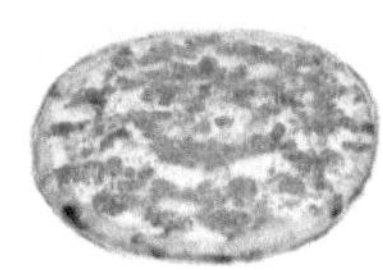

¿Cuándo podremos decir que el volumen de una pizza y la pizza son lo mismo?

2231. REGALO DE CUMPLEAÑOS.

Carlos recibió de su mujer dos relojes como regalo de cumpleaños.

No eran de lujo ni sumergibles ni especialmente caros.

Carlos ya tiene varios, y no colecciona relojes; de hecho le gustan poco.

Sin embargo, estos dos le encantaron.
¿Por qué?

2233. CON SEGMENTOS RECTOS.

¿Cómo dibujaría Vd. un cuadrado con 3 segmentos rectos?

Nota: Un cuadrado como forma geométrica, no un número cuadrado. Tampoco un cuadrado con tres segmentos en su interior.

2235. SEMÁFORO ROTO.

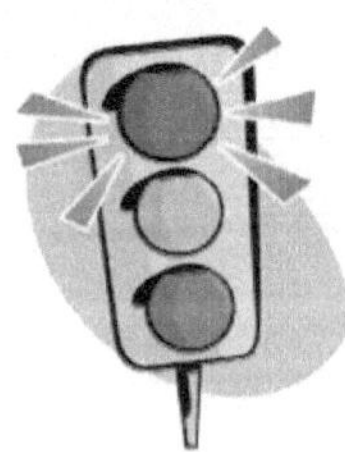

En una esquina de mi barrio hay un semáforo que no funciona bien, ya que la luz central de las tres que tiene no enciende.

Teniendo en cuenta que las luces son verde, amarilla y roja, en ese orden, ¿de qué color deberá ser las bombilla que lleve el operario para reparar el semáforo?

2237. ACERTIJO DEL CAMELLO.

Tres sabios orientales viajaban por un camino hacia la montaña.

Al observar unas huellas de camello bastante curiosas, un mercader muy angustiado les preguntó: ¿Han visto un camello perdido por aquí?

Los sabios: ¿Tiene el pelaje claro, es cojo y ciego del ojo derecho?

El mercader: Sí.

Los sabios: No lo hemos visto pero sabemos en qué dirección iba.

¿Cómo supieron que tenía el pelaje claro, era cojo y que era ciego del ojo derecho, sin ver al camello?

2239. INDIFERENCIA.

Sentado tranquilamente tras su mesa, Juan dijo: "Me da igual vivir o morir"

Juan es una persona psicológicamente estable y feliz; no pasaba por ninguna situación complicada en su vida personal ni por cuestiones de salud ni sociales ni sentimentales, pero cuando dijo aquello, lo dijo totalmente convencido (y era verdad).

¿En qué circunstancias dijo aquello?

2241. ERA SORDO.

Un hombre, totalmente sordo, solía llevar puestos cuando salía a la calle unos grandes auriculares como los que se usan para escuchar música.

¿Por qué?

2243. EL GORRO DE NATACIÓN.

Mirta es una gran competidora en natación sincronizada, un deporte que ama con pasión y en el que ha obtenido varios premios.

Ya tiene 16 años por lo que empieza a ir a fiestas de sociedad, que nada tienen que ver con la natación.

Sin embargo, a casi todas las fiestas suele llevar puesto un gorro de nadadora, incluso vistiendo vestidos elegantes o con ropa más informal.

Pese a ello, nadie le suele decir nada ni llama la atención por ello.

¿Cómo es posible?

2245. LOS CUATRO CHINOS.

Cuatro chinos entraron en la embajada de España en Pekín a tramitar ciertos documentos y no salieron más.

¿Por qué?

2247. ALEGRÍA EN EL PUEBLO.

Durante una noche fría y oscura, los habitantes de aquel pueblo oyeron un fuerte sonido proveniente del mar.

Salieron de sus casas y corrieron al muelle, vieron una gran sombra enorme muy cerca de la costa que se aproximaba lentamente al pueblo, y en ese momento, mientras contenían su alegría, pensaron "hoy estamos de suerte".

¿Por qué?

2249. DE VUELTA OTRA VEZ.

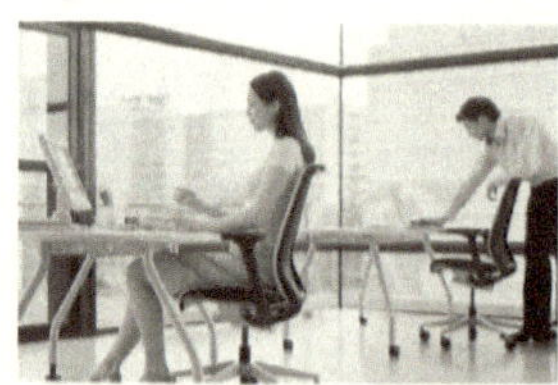

Un hombre es despedido en su trabajo.

La empresa le abona todo lo que le corresponde, firma, entrega y recibe toda la documentación pertinente y queda definitivamente desvinculado de la empresa.

Se despide de los compañeros y se lleva sus pertenencias personales (ninguna de la empresa); no se olvida nada ni se lleva nada de más, sin embargo al día siguiente vuelve a la oficina.

¿Por qué?

2251. UNA SOLA CUERDA.

¿Qué instrumento musical sólo tiene una cuerda?

2253. NO ES MATEMÁTICO.

¿Es Vd. capaz de descifrar el código que representa la siguiente imagen?

2255. CEDER O NO CEDER.

El que cede cuando no tiene razón está en lo correcto.

El que tiene razón y cede está...
¿Dígalo Vd.?

2257. POBRECITO.

Pobrecito, por más que anda, anda y anda no se mueve de su sitio.
¿Quién es?

2259. ESCAPANDO DE LA ISLA.

Un hombre está en una isla en la que no hay nada más que arena y apenas unas hierbas como vegetación.

La isla está a 100 metros de tierra firme, pero el agua tiene unos 20 m. de profundidad.

No sabe nadar y no tiene nada que pueda usar para mantenerse a flote.

Aunque sería fácil rescatarlo, él mismo consigue llegar a tierra firme sin la ayuda de nadie ni de ningún animal ni objeto.
¿Cómo lo hizo?

2261. SAPIENCIA BUDISTA.

Según un monje budista, encontrarás:
- La VERDAD en la India.
- La SABIDURÍA en Japón.
- La VALENTÍA en China.
- La PAZ en...

¿Lo sabe Vd.?

2263. LOS COLORES.

Varios amigos míos están mirando lo mismo.

Todos lo ven azul menos uno que lo ve negro (el color).
Ninguno padece defecto visual y todos miran directamente sin usar ninguna lente, filtro o elemento que pudiera perturbar la visibilidad.
¿Qué están mirando y por qué ocurre eso?

2265. ÁRABE ISRAELÍ.

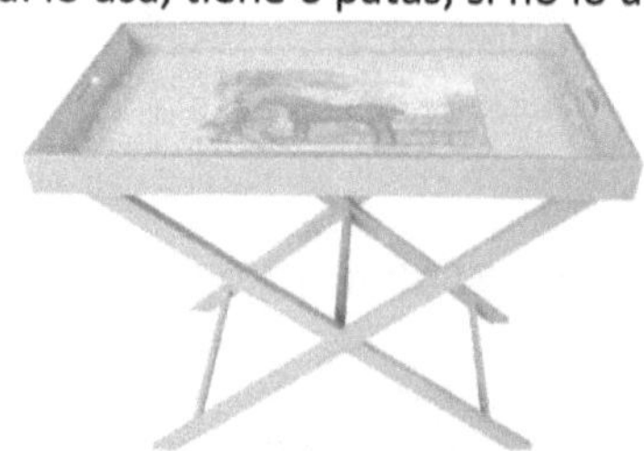

¿Por qué es ilegal enterrar en España a un ciudadano árabe que viva en la ciudad de Belén?

2267. LAS PATAS.

Si Vd. lo usa, tiene 6 patas; si no lo usa, 4.

2269. LA TUMBA.

Una pareja de gemelas visita la tumba de sus padres cada aniversario del trágico accidente de coche que sufrieron, pero en ella no hay nadie enterrado.
¿Puede Vd. explicar por qué?

2271. OTRA VEZ DESIERTO.

¿Cómo es posible que dos egipcios, para cruzar el desierto, lleven botellas con whisky, vodka y licor en lugar de agua?

2273. PUNTUALIDAD.

Manolo, ¿cómo consigues últimamente que tus empleados lleguen puntuales al trabajo?
¿Se imagina Vd. por qué lo consigue?

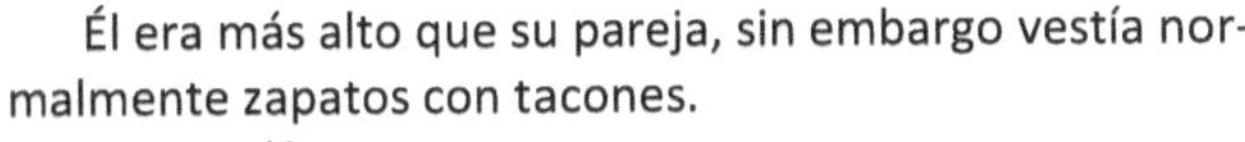

2275. BAJO EL AGUA.

¿De qué forma se puede hacer arder una cerilla bajo el agua?

2277. LOS TACONES.

Él era más alto que su pareja, sin embargo vestía normalmente zapatos con tacones.
¿Por qué?

2279. ROTO E INTACTO.

Puede estar roto e intacto a la vez.
Puede quedar en suspenso y seguir en movimiento.
Puede estar oculto sin dejar de manifestarse.
¿Quién es?

2281. LA FACTURA DEL GAS.

Este mes gasté más gas propano que el mes anterior, y sin embargo, la compañía suministradora me pasó una factura más baja.

Si la compañía no ha cometido ningún error, el contador estaba bien, los períodos medidos fueron correctos, no había ofertas especiales de ningún tipo ni cambios de precio respecto al mes anterior, no había ningún saldo pendiente ni a favor ni en contra, los impuestos no cambiaron tampoco.
¿Cómo es posible?

2283. EN EL BOSQUE.

Dos hermanas gemelas están en un frondoso bosque, una comienza a andar hacia al norte y otra hacia al sur al mismo tiempo.
Tras una hora de caminata se encuentran una frente a otra.
¿Cómo es posible?

2285. TRES DÍAS DE LA SEMANA.

Nombre tres días de la semana que empiecen por "m".
Por supuesto estamos hablando en lengua castellana.

2287. UN BUEN CONDUCTOR.

Iba conduciendo, y pese a ser un buen conductor, cuando vio aquella señal de STOP en la carretera no se detuvo.
¿Por qué?

2289. OLIMPÍADAS.

En 1980, EEUU no acudió a las Olimpiadas de Moscú, como protesta por la invasión de Afganistán por parte de la URSS.

Cuatro años más tarde, en 1984, los soviéticos boicotearon de la misma manera las Olimpiadas de Los Ángeles.

Sin embargo, EEUU ganó varias medallas en los Juegos Olímpicos de 1980, y la URSS también triunfó en los Juegos de 1984.
¿Cómo se explica esto?

2291. CRUCE PELIGROSO.

Cuatro coches llegan a la vez a un cruce (en forma de +) por las cuatro carreteras confluyentes.

Todos deciden salir a la vez sin frenar ni respetar el paso a nadie, sin embargo no se produjo ningun accidente.
¿Cómo es posible?

2293. RUBIK.

Observe la imagen adjunta:
¿Qué hizo Rubik?

2295. MALA PUNTERÍA.

¿Quién es el cazador de perdices que apunta en las corvas y da en las narices?

2297. OJOS DIFERENTES.

Casi nunca vamos solas.
No comemos y tenemos dientes.
En el uso entramos por ojos diferentes.
¿Quiénes somos?

2299. MICROONDAS CON CAFÉ.

Mi madre puso una taza de café a calentar en el microondas durante 2 minutos.

Pasado ese tiempo abrió la puerta del microondas, la cerró de nuevo y lo puso en marcha durante 2 segundos.

Abrió la puerta, sacó el café y se lo tomó.

¿Por qué ese extraño comportamiento?

2301. ¿RESULTADO SORPRESA?

Rafael y David son amigos de la infancia.

Empezaron de pequeños a jugar al tenis, convirtiéndose Rafael en una figura mundial (Rafa Nadal) y David se quedó en un buen aficionado pero anónimo.

Siguen manteniendo la amistad y de vez en cuando juegan algún partido entre ellos.

Hace unos días jugaron el último, que ganó David de paliza y ninguno de los dos se sorprendió por ello.

Si Rafa Nadal estaba en buenas condiciones físicas, se esforzó por ganar y no le dio ningún tipo de ventaja, ¿cómo es posible?

2303. UN PERRO VERDE.

Carlos busca a sus dos perros verdes.

Al verlos y querer atraparlos, empieza a caer un fuerte aguacero y sólo puede atrapar a uno de ellos, escapando el otro.

Más tarde ni Carlos ni nadie pudieron atrapar al otro perro verde. ¿Por qué?

2305. LUZ Y JUEGO DE AZAR.

La primera es luz hermosa,

la otra, juego de azar;
y sin mi todo, en la guerra,
nadie pretende triunfar.

¿Qué es?

2307. CURIOSA BEBIDA.

Carlos entró en un bar y pidió una determinada bebida.

El camarero le dice que se han que-dado sin esa bebida, y le ofrece a cambio cualquier otro tipo de bebida gratis.

Carlos agradece el detalle pero no acepta la invitación y se marcha.

¿Por qué?

- La bebida solicitada por Carlos era alcohólica y es una bebida común.
- Carlos tenía dinero para pagar, no es un agente policial, y es mayor de edad.
- El establecimiento es legal y está autorizado para la venta de bebidas alcohólicas.

2309. ENVÍO POR CORREO.

En un país donde el servicio de Correos tiene fama de poseer ladrones, Andrés quiere enviar una valiosa joya a Benito.

Deciden que la caja que contiene la joya vaya cerrada con algún candado.

Andrés tiene dos candados, cada uno con su respectiva llave (diferentes entre sí) y Benito, tiene otro canda-do, también con su propia llave (y diferente a los otros dos).

¿Cómo harán para poder enviarse la caja, con seguridad (cerrada con algún candado) sino pueden enviarse las llaves independientemen-te por otro método?

2311. LA VASIJA.

Un investigador, que dirige una excavación arqueológica cerca de la ciudad de Roma, se encuentra una vasija en la que están grabados exactamente estos datos:

Muy contento, va al Museo, se la enseña al director que tras examinarla le dice: "Esta vasija es una tomadura de pelo".

¿Cómo pudo deducir esto el director?

2313. EL ASNO Y EL BURRO.

Juan y Pedro caminaban juntos con sus respectivos animales.

Juan llevaba un asno cargado que iba alegre y feliz porque su carga era ligera.

Pedro llevaba un burro cargado que caminaba triste y apesadumbrado, porque su carga era pesada.

Por la noche, se detuvieron ambos en el camino y pararon para descansar.

Por la mañana emprendieron nuevamente el viaje, pero esta vez, el asno de Juan caminaba triste y apesadumbrado, mientras que el burro de Pedro iba alegre y feliz.

¿Cómo puede haber cambiado tanto la situación en una sola noche, teniendo en cuenta que ninguno de los dos colocó más carga sobre sus animales?

2315. DIRECTO A LA BARRA.

Entró corriendo en el bar y se dirigió directamente a la barra, cayendo inconsciente al instante.

¿Por qué?

2317. VIAJERO INCANSABLE.

Un ciudadano español (no una personalidad relevante en ningún campo), sin pasaporte, salió por la mañana de su casa en España, visitó 14 países distintos (alguno fuera de la UE) en el mismo día y volvió a dormir a su casa española de nuevo.

En todos ellos fue bien recibido y salió de los países sin problemas y voluntariamente.

¿Cómo es posible?

2319. PAGÓ, Y NO COBRARON.

Después de comer en aquel lujoso restaurante, pagó la cuenta y se fue, sin embargo el restaurante no cobró.

¿Qué pasó?

2321. ÚNICO ACERTANTE.

Mi vecino jubilado Marcelo, de los juegos de azar, sólo juega a la quiniela de fútbol.

Sella su boleto de dos apuestas siempre el sábado por la mañana y siempre en el despacho que tiene en el local de su bloque de viviendas.

A Juan, el dueño del despacho, siempre le comenta lo mismo: "El día que caiga alguna de mis dos columnas seré el único acertante" (Pone muchos doses y siempre perdidos al Madrid y al Barcelona).

También Juan le responde siempre lo mismo: "Don Marcelo, el día que acierte no será el único acertante, se lo aseguro".

¿Por qué Juan está tan seguro?

2323. CONSTRUYA UNA H.

Elimine los dos segmentos señalados por las flechas
y mueva los otros dos para construir una H.

2325. LLEGÓ TARDE.

A Carlos, su madre, sabiendo que no le gustaba planchar, le impo-

nía como castigo el que planchara una camisa por cada 15 minutos de retraso al volver a casa sobre la hora estipulada como límite.

Aquel día, Carlos ya se estaba retrasando 33 min (2 camisas a planchar) cuando llegó a la puerta de su casa, pero antes de entrar decidió esperar media hora en la puerta.

¿Por qué?

2327. LOS PALILLOS.

Estaba junto a un hombre que tenía palillos
sobre la mesa, todos a la vista, y vi 12.

Cogió uno y lo retiró (no tocó ninguno más), me acerqué, miré y sólo veía 9.

¿Cómo se explica?

2329. EL PARTIDO DE FUTBOL.

El partido de fútbol amistoso transcurrió con total normalidad.

Al finalizar, los contrincantes de ambos equipos se dieron la mano.

Sin embargo, a los pocos días estaban intentando matarse unos a otros.

¿Por qué?

2331. RECONOCIDO E IRRECONOCIBLE.

Es conocido por prácticamente todo el mundo, imágenes suyas salen por televisión y prensa habitualmente.

Sin embargo, en fotos familiares de grupo, sólo le reconocen sus parientes y amigos.

¿De quién hablamos?

(El parecido entre los miembros familiares no tiene nada de especial más allá del habitual, no tiene hermanos gemelos o mellizos idénticos)

2333. SIEMPRE RECTO.

¿Qué medio de transporte, de uso habitual, no puede recorrer un trayecto curvo?

(No es el ascensor)

2335. JAKE MILES.

Jake Miles nació en octubre de 1642, tuvo una vida complicada y pese a varias enfermedades llegó a vivir 84 años.

Estuvo casado, tuvo 4 hijas y 12 nietos.

Curiosamente, Jake Miles murió en diciembre de 1642.

Si hablamos del año basado en el mismo calendario, ¿cómo es posible?

2337. PILOTANDO UN FORMULA 1.

¿Quién debería pilotar este fórmula 1?

2339. HAY QUE APROBAR.

Un profesor de matemáticas, con el ánimo de fomentar la competi-

tividad de los alumnos, les plantea: "En el siguiente examen, sólo aprobarán aquellos que obtengan una nota igual o mayor que la nota media de la clase en dicho examen. Los que estén por debajo, quedarán suspendidos".

Los alumnos acordaron seguir una estrategia común lo más favorable posible.

¿Cuál fue dicha estrategia?

2341. UN VUELO HORRIBLE.

En pleno vuelo de un avión repleto de pasajeros, la azafata se acercó a un hombre y le pregunta si estaba todo bien.

Como respuesta recibió: "No, nada está bien; siempre me toca el mismo asiento, no puedo ver la película que pasan, no puedo relajarme ni dormir…"

La azafata no le contestó nada y no buscó ninguna solución a sus quejas; se dio media vuelta y se alejó con una pequeña sonrisa.

¿Por qué?

2343. LOS DIENTES.

Un hombre se cruza con otro y se ríen. Acto seguido intercambian sus dientes y continúan con lo que estaban haciendo.

¿Qué pasó?

2345. MUERTOS EN EL BORDE.

Al lado de una carretera muy transitada hay cientos de cadáveres.

Los automovilistas pasan a toda velocidad, ninguno se detiene para colaborar ni siquiera por curiosidad.

¿Qué es lo que pasa?

2347. ¿DÓNDE VIVE EL PERRO?

Las tres frases siguientes son verdaderas:

1. En una de las dos casas de la foto vive un perro.

2. En la de la izquierda no vive.

3. Tampoco vive en la de la derecha.

¿Dónde vive el perro?

2349. CRUZAR EL RÍO.

Dos niños quieren cruzar un río.

La única manera de llegar a la otra orilla es en barca, pero la barca sólo puede transportar a un niño a la vez.

La barca no puede retornar por sí sola, no hay cuerdas o similares trucos, sin embargo, los dos niños consiguen cruzar el río con la barca.

¿Cómo se las arreglaron para cruzar?

2351. ENCUENTRE LA JIRAFA.

¿Será Vd. capaz de encontrar la jirafa escondida, no la evidente, en imagen adjunta?

2353. INSEPARABLES.

Hermanos inseparables,
soportamos un gran peso,
la tierra nos da su beso,
porque somos incansables.

2355. SIN CERRADURA.

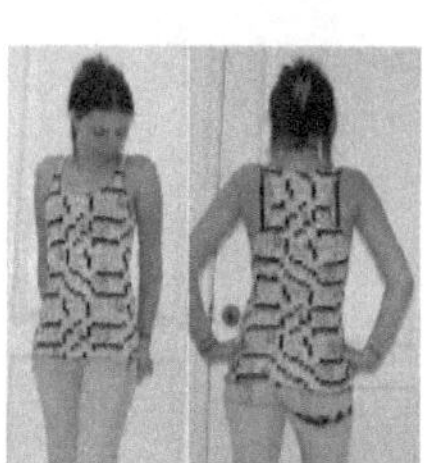

Tengo llaves pero no cerradura y del blanco al
negro pasan por mi cintura.
¿Quién puedo ser?

2357. MÁS QUE TERROR.

Lorena tiene un miedo atroz a los ratones, le da igual
que estén vivos que muertos.

Ayer, su gato llevaba un ratón en la boca y lo dejó
caer cerca de sus pies; Lorena en vez de gritar asustada,
lo cogió con toda tranquilidad y lo tiró al cubo de la basura.
¿Cómo tuvo valor para ello?

2359. LA MALVADA ANFITRIONA.

Próximo a celebrarse un baile de la alta sociedad, la anfitriona Lady Collins se enteró que su
gran rival en cuestiones sociales y personales,
Lady McFly, por protocolo estaba invitada y que
llevaría el mismo vestido que tenía previsto llevar
también ella.

Como la odiaba a muerte, no se conformó con cambiar su elección
de vestido, sino que salió a relucir su fina maldad.
¿Qué fue lo que hizo Lady Collins?

2361. CARACTERÍSTICAS OPUESTAS.

La frase: *"mentalmente llana y fina"* tiene una
característica curiosa que es justo la opuesta a una
característica de la conocida actriz de la foto adjunta.

La solución nada tiene que ver con el significado
de la frase ni de las palabras que la forman.
¿De qué curiosidad se trata?

2363. REFORMA EN EL CAMIÓN.

Reformando el interior de su camión, Juan quitó su viejo y flojo equipo de sonido e instaló un nuevo equipo de música, con unos buenos altavoces que funcionaban muy bien.

Sin embargo siguió escuchando la música con auriculares, como hacía previamente con el equipo anterior.

¿Por qué?

2365. LA PUERTA DE LA CASA.

En la imagen adjunta, debe encontrar la puerta de la casa.

¿Será Vd. capaz?

2367. DEJAR SIN ROPA.

¿Qué método usaría Vd. para desnudar a esta mujer?

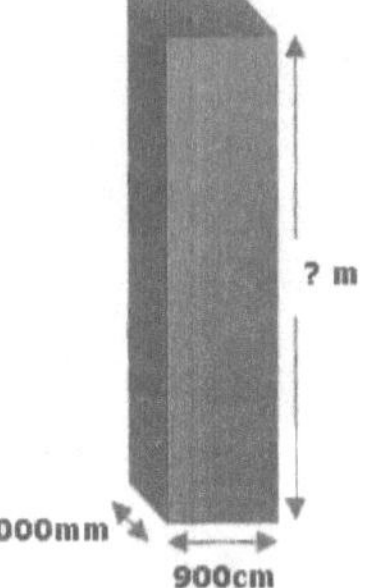

2369. DIMENSIONES DEL MONOLITO.

En el monolito adjunto, no se han respetado las proporciones de las medidas a la hora de dibujarlo.

¿Sabría Vd. decir, a la vista de los datos proporcionados, cuánto mide la altura?

2371. PUNTOS EN EL DADO.

En la figura adjunta, dibuje 6 puntos para que siga viéndose la imagen de un dado común.

2373. ENCUENTRE OTRO OCHO.

En la segunda carta, comenzando por la izquierda, se pueden ver dos ochos.

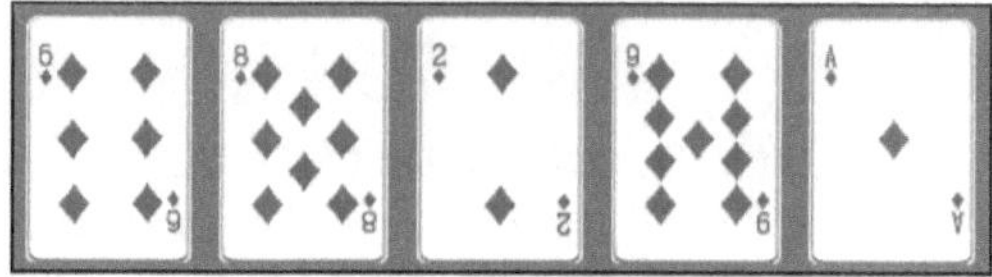

¿Es Vd. capaz de ver algún otro?

2375. PARA OBTENER 6.

Reordene los 5 caracteres de:

para obtener como resultado 6.

2377. BLANCANIEVES CAMARERA.

Blancanieves sirvió el primer plato a los siete enanitos y cuando estos terminaron, les sirvió el tiempo que tarda en hacerlo.
¿Qué cree Vd. que les sirvió?

2379. TODO ESTABA ESCRITO.

Después de escuchar un dramático sermón dominical en la iglesia, Mark Twain dijo al predicador que su alocución era buena pero que él tenía un libro que contenía todo aquello, palabra por palabra.

Imposible, dijo el pastor, me gustaría ver ese libro, en caso de que exista.

En una semana, recibió un paquete que, ¿qué cree Vd. que contenía?

Ni la Biblia ni sermones parecidos. Un libro en el que estaban todas y cada una de las palabras del sermón, aunque no en el mismo orden.

2381. LOS DEDOS DEL LEÓN.

El león tiene 18 dedos, lo que da un promedio de 4 dedos y medio por pata.
¿Cómo se explica?

2383. NO SON VEINTE.

¿En qué lugar ocurre que diez y diez no son veinte?

2385. ESTRECHO PARENTESCO.

¿Cuál es el parentesco más estrecho que tengo con la cuñada del cuñado de mi madre?

2387. APENDICITIS.

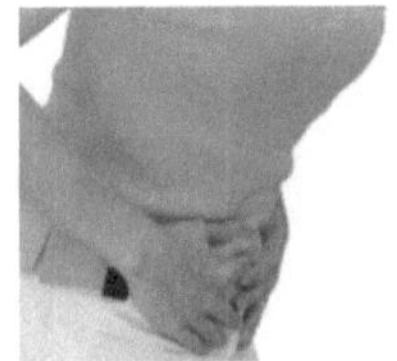

Juan y su esposa viven en una zona rural.

Una tarde ella se sintió mal y Juan llamó al médico local: *Doctor, creo que mi mujer podría sufrir apendicitis.*

Tonterías, responde el doctor, yo mismo le quité el apéndice hace cinco años.

Pero, resulta que la mujer de mi amigo Juan tiene efectivamente apendicitis.

¿Cómo se explica esto?

2389.T – U – O.

Ramón necesitaba para el 17 una para 28.
Le preguntaron que si en T en U o en O.
Dijo que en U sería estupendo.
¿De qué iba la cosa?

2391. HACERLO UNA VEZ.

En muchos países hacerlo una vez es obligatorio, pero hacerlo dos veces el mismo día es delito.
¿De qué se trata?

Es obligatorio hacerlo en determinados días convenientemente anunciados. Se controla eficazmente que la gente no lo haga dos veces en un día.

2393. LLEGÓ TARDE.

Carlos trabaja en una oficina, que está a escasos 5 minutos andado desde su casa.

Faltando 10 minutos para las 6, llama por teléfono a su mujer desde el trabajo y le dice que llegará a casa a las 6.

Finalmente llega a casa a las 6 y 1 minuto.

Su mujer coge un terrible cabreo por el retraso.

¿Por qué?

2395. ESPÍA DESCUBIERTO.

Un espía alemán entra en EEUU, habla perfectamente inglés, ningún rasgo físico hace sospechar de él, pero cuando rellena el formulario de entrada al país, al escribir la fecha, un pequeño detalle hizo sospechar al policía de la aduana.

¿Cuál fue ese pequeñísimo detalle?

(Tuvo cuidado de poner la fecha en el habitual formato americano, mes/día/año)

2397. MALA DIGESTIÓN.

Un hombre ingiere un alimento, perfectamente comestible por los hombres, que está en perfecto estado y al cuál no es alérgico.

En ese preciso instante, y debido a ello, sabe que va a morir.

¿Cuál fue ese alimento?

2399. FAMOSO EDIFICIO.

Cuando le pedí a mi sobrino que me dibujara un edificio con 5 palillos, me hizo esto:

¿Será capaz Vd. de mover sólo 2 palillos, para que le quede un famoso edificio?

2401. CALLADITO.
Si me nombras desaparezco.
¿Quién soy?

2403. EL PERRO.
Carlos leyó en el escaparate de una tienda de un pequeño pueblo, un cartel que tenía escrito en letras grandes: ¡ATENCIÓN. CUIDADO CON EL PERRO!

Cuando entró, junto a la caja registradora, un viejo perro, peludo y pequeño, dormía tranquilamente, sin importarle lo más mínimo el ruido de la campana al entrar ni que el extraño se acercara a la caja.

Carlos pregunto al dueño: *¿Este perro es al que se refiere el cartel de ahí fuera?*

Sí, este es, asintió el dueño.

No parece muy peligroso, ¿por qué puso ese cartel?

¿Por qué cree Vd. que lo puso?

2405. EL INSTRUMENTO.
Según los expertos hay un instrumento que, por mucho que se practique, siempre se toca con dificultad.
¿Cuál es?

2407. DESPUÉS DE LA GUERRA.
¿Sabe Vd. lo qué pasó en París el 31 de junio de 1945?

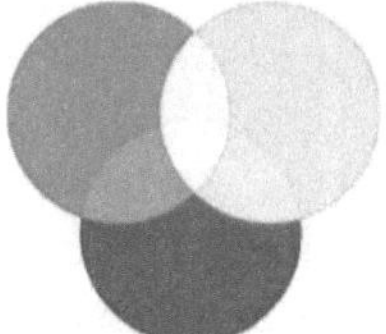

2409. AMARILLO Y AMARILLO.
Azul más azul es azul.
Verde más verde es verde.

Amarillo más amarillo no siempre es amarillo.
¿En qué lugar ocurre eso?

2411. EN COMÚN.

¿Qué tienen en común un violín, un ahorcado y un reloj?

2413. SACANDO LA SEDA.

¿De qué planta textil se obtiene la seda?

2415. CONCISO.

A dice que B miente.
B dice que C miente.
C dice que A y B mienten.
¿Quién miente y quien dice la verdad?

2417. BASTONES SALTEADOS.

El otro día en un restaurante, en la carta ponía: *"Bastones de calcio compuesto con fino revestimiento salteado de ternera magra".*

Le pregunté al camarero sobre ellos y muy amablemente me lo explicó.
¿Se imagina Vd. lo que eran?

2419. MUY POBRE.

¿Qué país es muy pobre en contra de lo que dice su nombre?

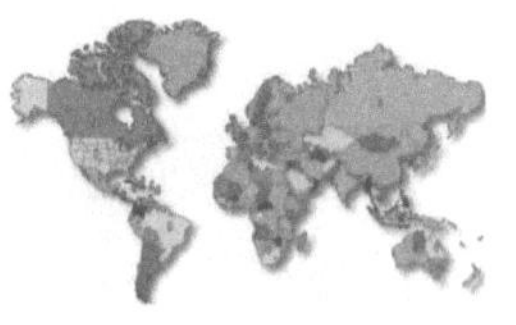

2421. SE EXTINGUIERON.

En 1925, en Estados Unidos se contabilizaron más de 200 millones, en 2005 llegaron apenas a 21.000 y en 2006 ya no existían.
¿De qué hablamos?

2423. TATUAJE CARIÑOSO.

Carlos: Maria, te quiero tanto que me he grabado tu nombre en una de mis nalgas.

María: ¿En serio? ¿Me dejas verlo?

Carlos: Claro, mira. *(Bajándose discretamente el pantalón mostrando parte de su nalga derecha)*

María: ¡Vaya! *(Exclama ella desilusionada)*

¿Por qué la decepción de María?

2425. COMER Y BEBER.

Crece cuando come,
muere cuando bebe.
¿Qué es?

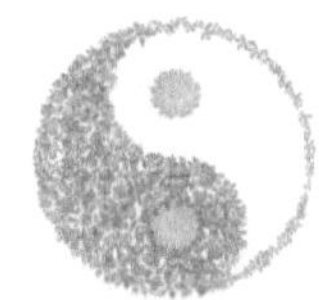

2427. NI FLORES NI...

¿Cuál es la planta que no da flores ni frutos y a veces huele mal?

2429. DE LOS QUÍMICOS.

¿Qué importante ciudad española debería ser la preferida de todos los químicos?

2431. EN MARCHA NO AVANZO.

Cuando estoy en marcha no puedo avanzar ni una pizca.

Puedo pararme sin estar andando.
¿Quién soy?

2433. APUESTE POR EL GANADOR.

El otro día en el hipódromo, un amigo mío quería apostar por un caballo.

Le aconsejaron apostar por Brillantina pues, es tan bueno que hace alusión a su nombre.

¿Cuál era dicha alusión?

2435. LA FOTO JUVENIL.

¿Qué tiene de extraño la foto de estos jóvenes?

¿No le llama a Vd. nada la atención?

2437. CURVA A LA DERECHA.

Un coche toma una curva de 90 grados a la derecha a toda velocidad.

¿Cuál es la rueda que menos gira?

2439. EN LOS HOSPITALES.

¿Por qué en todos los hospitales de España hay un sacerdote?

2441. ¡JUGAR EN SÁBADO!

Los partidos de fútbol de la liga española se celebran los domingos, salvo excepciones por motivos televisivos o de competiciones europeas que lo hacen los sábados.

Desde la 1ª jornada del mes de noviembre de 1999, todos los jugadores del "Lleida" querían jugar los partidos en sábado.

¿Sabe Vd. por qué?

(Noticia en toda la prensa española: 5-11-99)

2443. SIN, SIN, SIN.

Se cuece sin agua,
se corta sin tijeras,
se sube sin escaleras y
trae de un hilo a las cocineras.
¿Qué es?

2445. HABLA, CORRE, VUELA…

Es blanca, como la cal, habla sin tener boca ni lengua ni voz, corre sin tener pies y vuela sin tener alas.

¿Qué es?

2447. CON OTROS DIENTES.

¿Cómo se llama la persona que come con los dientes de los demás?

2449. ANIMAL Y FLOR.

¿Qué nombre de persona se forma con el nombre de un animal y el de una flor?

2451. TENGO, TENGO…

Tengo corazón sin ser persona,
tengo bata sin ser mujer.
y el hombre elegante
me lleva delante.
¿Quién soy?

2453. DELANTE, DETRÁS…

Unos los tienen delante, otros los tienen detrás, otros delante y detrás y otros ni delante ni detrás.

¿Qué es?

2455. NI LEÓN NI PATO.

No es león y tiene garra,
no es pato y tiene pata.
¿Quién es?

2457. EL CABALLO DE ATILA.

¿Por qué era tuerto el caballo de Atila?

2459. PONER HUEVOS.

¿Qué animal utiliza la cabeza para andar y poner huevos?

2461. INCONCLUSA.

¿Por qué motivo Beethoven nunca terminó la Sinfonía Inconclusa?

2463. EN EL BARCO.

Va de proa a popa en un lado del barco, y/o de popa a proa, en el otro.
¿Qué es?

2465. A LLORAR.

Fui a la feria, compré la más bella, llegué a la casa y me puse a llorar con ella.

2467. BAJO UN PARAGUAS.

¿Qué se necesitaría para que siete personas no se mojaran usando sólo un paraguas para todas?

2469. AGUA Y AGUJEROS.

Estoy llena de agua a pesar de estar llena de agujeros.
¿Quién soy?

2471. INTERMINABLE.

¿Qué trabajo nunca se puede terminar?
(La gente que lo hace nunca tiene en cuenta que no lo va a terminar)

2473. ÚNICO HUÉSPED.

El otro día salí a dar un paseo por el campo, vi una casa muy bien construida y me acerqué a ella a ver quién había.

Su único huésped, muy serio y tranquilo, me dijo que prefería morir antes que dejar su estado.

¿Quién era el huésped?

2475. TODOS SABEMOS ABRIRLA.

Una cajita chiquita,
blanca como la cal,
todos la saben abrir,
nadie la sabe cerrar.
¿Qué es?

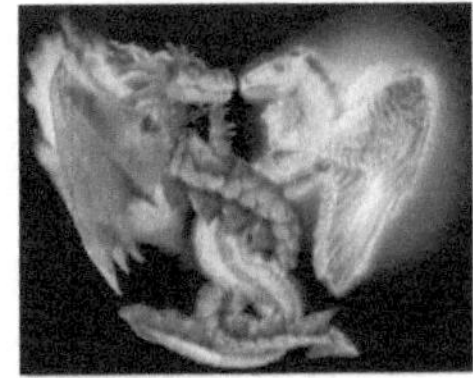

2477. MUY RESISTENTE.

Es algo único.
Pasa por el fuego y no se quema, pasa por el agua y no se moja.
¿Qué es?

2479. UN ODIO ATROZ.

Odio el azul porque me pone verde.

¿Quién soy?

2481. NO VUELA.

Mi tamaño es como el de una cazuela y aunque tengo alas no vuelo.
¿Quién soy?

2483. INVENCIBLE.
Vence al tigre, al león y al toro.
Señores y reyes a sus pies caen rendidos.
¿Qué es?

2485. EN LA ESQUINA.
Me siento en una esquina y viajo alrededor del
mundo.
¿Quién soy?

2487. NEGRA Y BLANCA.
Piense un poco con astucia,
cuando está negra, está limpia,
cuando está blanca, está sucia.
¿Qué es?

2489. LÁGRIMAS SIN LLORAR.
Doy amparo al peregrino y soy incapaz de llorar;
aunque por mis ojos continuamente pasan lágrimas
que van a parar al mar.
¿Quién soy?

2491. POR LA GARITA.
Entro por el mar y salgo por la garita.
¿Quién soy?

2493. LA CASA POR LAS VENTANAS.
Me apresaron mientras estaba tranquilo en mi casa.
Mi casa salió por las ventanas y yo quedé preso en ella.
¿Quién soy?

2495. DE PIES Y MANOS.
En el campo me crie
dando voces como loca,
me ataron de pies y manos

para quitarme la ropa.
¿Quién soy?

2497. EN EL CONVENTO.

Soy un convento muy cerrado, sin campanas y sin torres.

Tengo dentro muchas monjitas que hacen dulces de flores.
¿Quién soy?

2499. EL ANIMALITO.

Existe un animalito que cuando más come, más flaco se pone.
¿Qué animalito es?

2501. PIRÁMIDE MUNDANA.

Existe una pirámide que ni los aztecas ni los egipcios pudieron crear.

El día que hay fiesta se queda en ruinas.
¿Qué pirámide es?

2503. A LA ORILLA DEL AGUA.

Canto en la orilla,
vivo en el agua,
no soy un pez,
ni soy cigarra.
¿Quién soy?

2505. DE MIL PEDAZOS.

Estoy hecho mil pedazos, tengo una mano y un brazo en la mitad de mi cuerpo.
¿Quién soy?

2507. DRAGONES.

Si el Dragón Rojo tuviera 6 cabezas más que el Dragón Verde, entre los dos tendrían 34 cabezas.

Pero el Dragón Rojo tiene 6 cabezas menos que el Verde.
¿Cuántas cabezas tiene el Dragón Rojo?

2509. OFICIOS MATEMÁTICOS.

¿Cuáles son los oficios más matemáticos que existen?

2511. NO ME ENCAJA.

Por más que lo pienso, la cosa no me encaja;
cuanto más crece más baja.
¿Qué es?

2513. SIN COSTA.

Un único país del continente americano no
tiene costa de mar.
¿Qué país es?

2515. EL PERRO TUERTO.

Este entuerto me impide vivir en paz.
¿Por qué demonios era tuerto el perro de Don Nicolás?

2517. DE VIAJE.

No utiliza traje
pero si bolsillo,
para ir de viaje
con su cachorrillo.
¿Quién es?

2519. VEO UNA ARRUGA.

Es una arruga que sale en la piel, aunque a la tortuga nadie se la ve.

2521. PAISANOS.

¿Por qué uno de Rusia y un portugués son considerados como paisanos para un chino?

2523. SOY TU ENEMIGO.

Me río y lloro contigo a pesar de que no soy amigo tuyo.

Más bien soy tu enemigo, ya que te digo todos tus defectos.

¿Quién soy?

2525. LÍNEA DE GEMELOS.

Con sus siete hermanos forma una buena línea de combate.

Juntos los ocho, evitan que el rival gane muy pronto la batalla.

¿Quién es?

2527. LA LIMONADA.

Un litro de limonada contiene el 80% de agua.

¿Qué porcentaje de agua contendrá la limonada, si alguien se bebe medio litro?

2529. LA CHUSMA.

¿Cuántas personas revueltas forman una chusma?

(Pista: Metátesis)

2531. CON LA COLA.

¿Qué animales marinos cree Vd. que comen con la cola?

(De tales criaturas hay muchas)

2533. CON FLOTADOR.

Aunque lleva años y años en el mar, aún no sabe nadar.

¿Qué es?

2535. DISCRETO SASTRE.

Existe un sastre muy discreto que cose ropa encarnada sólo cuando hay un desastre.

¿Qué sastre es?

2537. EL SÁNDWICH.

Entre dos muchachos se comieron un sándwich que poco antes habían partido en tres trozos iguales. Ninguno se comió dos trozos.

¿Cómo fue posible?

2539. SIN ALAS NI CUERPO.

Vuelan sin que tengan alas,
dan sombra sin tener cuerpo,
son ligeras o pesadas,
temidas o deseadas,
matan sin hierro ni espada
y dan la vida a los muertos.

¿Quiénes son?

2541. MENUDA BRAGUETA.

¿Cuál es la prenda de varón con la bragueta más larga?

2543. NO VUELA, PERO VUELA.

¿Cuál es el único mamífero que no puede volar pero vuela?

2545. PUNTO Y PUNTO.

Comienzo y termino por un punto.
Mi nombre completo es la mitad de lo se trata de adivinar.

2547. CORRE, CORRE.

Corre tanto, tanto, que nadie alcanza.
¿Qué es?

2549. NUNCA SE CAE.

Existe una construcción que se sostiene
siempre perfectamente aunque se comience
a construir por la parte de arriba.
¿De qué construcción se trata?

2551. LA MANO DE ADÁN.

Cuando Dios hizo Adán, ¿dónde cree Vd. que le
puso la mano?

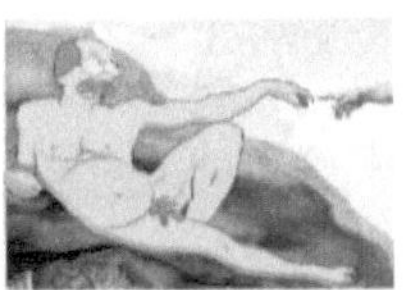

2553. TRES COSECHAS.

¿Qué árbol da tres cosechas si agua y abono le
echas?

2555. POCO SOTA.

¿Cuál es la sota de la baraja española que es menos sota?

¿Por qué?

2557. APELLIDOS.

Tengo cuatro hermanos que nacieron del mismo vientre que yo.

A pesar de ello, los cinco tenemos el mismo nombre, pero distintos apellidos.

¿Quién soy?

2559. QUIERE CEREZAS.

Un niño quiere coger cerezas de un cerezo, pero entre él y el cerezo hay un río que está helado.

¿Cómo se las arreglará el niño para coger las cerezas?

2561. OJO Y CABEZA.

Si tiene ojo no tiene cabeza, si tiene cabeza no tiene ojo.

¿De qué se trata?

2563. RABIA PORTUGUESA.

En la canción portuguesa está la rabia que andamos buscando.

¿Cuál es dicha rabia?

2565. AL SALIR.

Cuando Vd. sale de la bañera porque acaba de darse un baño, ¿qué es lo primero que se suele secar con la toalla?

2567. DOS SANTOS.

Existen dos santos en el Santoral que en lo alto cielo nadie puede encontrar.

Si Vd. piensa solamente un rato, seguro que los adivinará.

¿Qué santos son?

2569. LA ESTRELLA QUIETA.

En el principio del lugar,
en la mitad de la maceta
y del ternero al final
estaba la estrella quieta.
¿De qué se trata?

2571. LA YEMA.

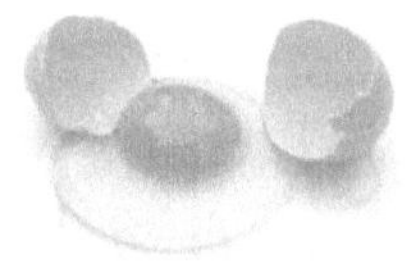

Se usa para no picar la yema, aunque la yema
no se come.
¿Qué es?

2573. REGALO NO AGRADECIDO.

Carlos enviaba siempre una nota de agradecimiento,
a la persona que le hacía algún regalo.

Sin embargo, en el último regalo recibido, no lo hizo.
¿Por qué?

2575. PRISIONEROS MATEMÁTICOS.

Un rey, enfadado con sus dos mejores matemáticos, decide ejecutarlos, pero les dará la oportunidad de demostrar su valía aplazando la ejecución.

Enviará a cada matemático a celdas distintas en alas opuestas del castillo, donde serán vigilados las 24 horas, sin ninguna posibilidad de comunicación entre ellos.

En ambas celdas, cada día a las 12 en punto, un guardia lanzará una moneda al aire, obteniendo un resultado de cara o cruz, y entonces cada matemático, deberá averiguar el resultado del lanzamiento del guardián de su compañero matemático de la otra celda.

Ambos guardias, con el resultado de su lanzamiento y la predicción de cada matemático se dirigirán entonces al rey; si al menos uno de los dos matemáticos acierta con la predicción, seguirán vivos hasta el día siguiente, si fallan los dos, morirán.

El rey esperaba que en el plazo de una semana estuvieran ejecutados.

Explico el procedimiento a los matemáticos y les permitió que hablaran unos segundos antes de enviarlos a las respectivas celdas.

Los matemáticos alargaron la ejecución durante mucho tiempo.
¿Qué estrategia siguieron?

2577. NUNCA ENVEJECE.

¿Cuál es la parte del cuerpo humano que no envejece nunca?

(Si quiere una buena pista, aguce la vista)

2579. IR A TIENTAS.

Aunque yo sea algo lenta, el miope, sin mí, va a tientas.
¿Qué es?

2581. MONO EN PLATANERO.

Carlos no se puede acercar a un platanero pues se lo impide un mono furioso que está subido en él.
¿Cómo se las arreglará el chico para comer plátanos de ese platanero?

2583. POLLO PARA CENAR.

Un cazador cuando se iba de caza le dijo a su mujer:
"Mañana, mátame un pollo para comerlo esta noche".
¿Ve Vd. algo extraño en la situación?

2585. NO SE JUEGA.

Con ellas no se juega ni en broma, por lo menos, hasta que no se coma.
¿De qué se trata?

2587. NO SOY GALGO.

Valgo lo mismo que un galgo,
su retrato soy y amigo,
y si por el campo salgo,
mucho a las liebres persigo,
y es cierto que no soy galgo.
¿Quién soy?

2589. NO ME MOLESTA.

"No me molesta tu picadura, si llevo puesta mi armadura".

¿Quién lo dijo y a quién se lo dijo?

2591. MATRIMONIO INSEPARABLE.

El marido es picoteado por la mujercita tuerta.
¿Quiénes son?

2593. LLORANDO.

Allí arriba se me hinchó la barriga y prorrumpí en un llanto por haber bebido tanto.
¿Quién soy?

2595. ASÍ ME LLAMAN.

Mi nombre es tan fácil y tan repetido, que hasta sin vocales tiene sentido.
¿Cómo me llaman?

2597. PERRO REGALADO.

Con un perro que me han regalado, he cerrado estupendamente mi propiedad.
¿Cuál fue el regalo?

2599. EN UN PAJAR.

Si Vd. busca en un pajar, ¿qué es lo que encontrará?

Los siguientes acertijos (del 2601 al 3399) corresponden a la Parte 4

2601. EXTRAÑOS ARTÍCULOS.

Ayer necesité comprar ciertos artículos.
A la señora que iba delante, cuando compró tres, le cobraron 24€ y a mí, por dos, me cobraron 18€ y sin embargo, no protesté.

No había promociones ni descuentos ni el dependiente se equivocó.
¿Cuál es la explicación?

*Los artículos valen todos lo mismo
y no hay recargos.*

2603. LOS PATOS.

Hay 2 patos delante de 2 patos.
Hay otros 2 patos detrás de 2 patos.
Hay 2 patos al lado de 2 patos.
¿Cuántos patos hay?

2605. NUNCA LO TENDRÁ.

Tengo lo que Dios no tiene, y es seguro que nunca tendrá.
El no tenerlo, a Dios le conviene.
¿Qué es?

Pista: Lazos.

2607. A USTED NO.

Mientras Vd. esté dormido, él no le despierta a Vd. y sí a su vecino (de Vd.).
¿Quién es?

2609. NO SOY NADA.

Me dicen algo y no soy nada, me dicen don y no lo soy.
¿Quién soy?

2611. MUY PESADO.

¿Cuál es el líquido que, reducido a nada, siempre pesa más de una tonelada?

2613. DOS NOTAS.

Con dos notas nada más, la música le pondré.
¿Qué le va Vd. a poner?

2615. CARRERA DE PERROS.

En la carrera de perros,
el que llegó el primero
llegó después que antes;
y lo digo tan campante,
sin pasar por embustero
y sin que haya en ello yerro.

¿Puede Vd. explicarlo?

2617. A NINGUNA PARTE.

Es pequeño, pequeñín,
mas con tal poder y arte,
que si no se pega a mí,
no llego a ninguna parte.

¿Quiénes somos?

2619. LA CASA DEL ANIMAL.

La casa de este animal marino tiene nombre de mujer.
¿Cómo se llama dicha mujer?

2621. NOS SALUDA.

Su nombre nadie duda, cuando viene siempre
nos saluda.
¿Quién es?

2623. EL PEOR.

Aunque lleva puestos muchos blancos camiso-
nes, siempre nos enseña el que está en peores condiciones.

(Pista: Vegetal)

2625. GEMELOS.

Dos hermanos gemelos,
uno del otro el reflejo,
con los cuales voy muy lejos,
pero en llegando a ser viejos
de mí inmediatamente los
aparto y los alejo.
¿De qué se trata?

2627. PARACAIDISTAS.

No tiene ni aviones ni pistas, sin embargo llena el aire de paracaidistas.
¿Quién es?

2629. DE GEOGRAFÍA.

Rusia es el país europeo que tiene mayor superficie.

¿Cuál es el segundo?

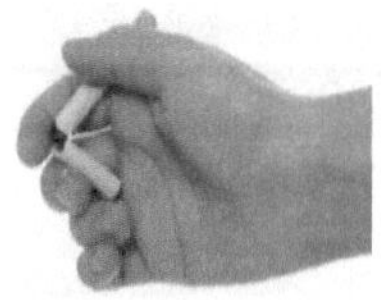

2631. ALGO EXTRAÑO.

Es una cosa algo extraña pues come por abajo y caga por arriba.
¿De qué se trata?

2633. LA TENGO O NO LA TENGO.

Si la tengo, no se la puedo dar a Vd., y si no la tengo se la daré o no se la daré.
¿De qué se trata?

2635. EL PAQUETE DE TABACO.

Ernesto, le encontró a Juan un paquete de tabaco en el bolsillo a pesar de que este había dejado de fumar hacía tres años.
¿Por qué?

2637. ARRIBA LA BOCA.

Tengo la boca en la parte superior de mi cabeza, como de todo y una de mis debilidades son los bolsillos.

¿Quién soy?

2639. ROMPER SIN TOCAR.

Yo la puedo romper, pero no la puedo tocar; y Vd. puede hacer lo mismo.
¿Qué es?

2641. EL SALTO DEL PERRO.

Carlos asegura que su perro, con un solo salto, puede saltar por encima de su casa.
Cuando la gente ve la casa de Carlos no le creen, pero Carlos tiene razón.
¿Cómo es posible?

2643. EL DESTRUCTOR.

Aunque solamente muestro una novena parte de mi cuerpo, destruyo todo lo que encuentro a mi paso.
¿Quién soy?

2645. FUERTE Y DÉBIL.

Me hago el fuerte y luchando con muchos alimentos suelo ganar.
Cuando como contrincante me toca en suertes el agua me deprimo y suelo perder.
¿Quién soy?

2647. NEGRO, ROJO Y BLANCO.

Es negro cuando Vd. lo compra, rojo cuando lo utiliza y blanco cuando ya no sirve.
¿Qué es?

2649. QUITA Y PON.

Cuando me quito la ropa, ella se la pone.
Cuando ella se la quita, yo me la pongo.
¿Quién es ella?

2651. POR EL CANAL DE PANAMÁ.

Si navegamos hacia el Este por el Canal de
Panamá, ¿a qué océano/mar llegaremos?

2653. PIERNAS TRANSPARENTES.

Observe la siguiente foto.

¿Dónde están las piernas de la chica?

2655. PIDIENDO.

Tú me miras yo te entiendo,
de lo que tú tienes yo tengo,
busca quien no tenga que te dé
que cuando yo no tenga te daré.

¿Qué es?

2657. NI COMERLO NI BEBERLO.

Aunque Vd. lo puede servir, Vd. no lo puede comer ni beber.

¿Qué es?

2659. CENA RETRASADA.

Carlos solía cenar a las 18:00 h, nada más llegar a casa del trabajo.

Cierto día, como de costumbre, Carlos llegó sobre las 18.00 h a casa; tenía la nevera llena y no esperaba a nadie, sin embargo esperó hasta las 21.00 h para cenar.

¿Por qué?

2661. NO PUEDO COMPRARLO.

Solamente se puede pedir ya que no se puede comprar.

Lo desea el pecador y no el santo.

¿Qué es?

2663. TRES VIDAS.

Tiene tres vidas:

- Suave para calmar la piel.
- Ligero como para acariciar el cielo.
- Fuerte para agrietar las rocas.

¿Qué es?

2665. LAS TRES HERMANAS.

Tres hermanas comparten un cierto deporte familiar:
Una corre el maratón sin parar.

La más antigua es gorda, corta y camina muy lentamente.

La hermana mediana es alta, delgada y corre con un ritmo constante

¿Quiénes son tales hermanas?

2667. REGALANDO.

Si le digo a Vd. que la imagen adjunta corresponde a un logotipo.

¿De qué puede ser dicho logotipo?

2669. NEW YORK - LOS ÁNGELES.

En 1930 dos hombres realizaron un viaje de 5.375 km con un coche Ford desde New York a Los Ángeles que duró 18 días.

Este viaje no fue ni el primero ni el más rápido ni el más lento de su tipo.

Las carreteras, el coche y los conductores eran normales.

A raíz de este viaje, los dos hombres ostentan un récord mundial que aún no ha sido batido.

¿Sabe Vd. cuál es?

2671. FRÍO Y CALOR.

Me quitan toda la ropa en el invierno y me la dan cuando hace un calor del infierno.
¿Qué es?

2673. LOS DEDOS.

¿Con qué apelativo se conoce a una mujer que no tiene todos sus dedos en una mano?

2675. UN BARCO EN LA BAHÍA.

Una soleada mañana de domingo sólo había una embarcacion en la bahía, el mar estaba en calma, una suave brisa de levante refrescaba el ambiente, de repente, la embarcacion empezó a hundirse.

De todos los que estaban mirándolo, nadie advirtió que hubiese ningun problema; no se oyó tampoco ninguna explosion.

Aunque se hundió por completo, nadie (ni tripulacion ni turistas) saltó fuera ni se arrojaron botes salvavidas; pese a todo, no hubo victimas mortales.

¿Qué pasó?

2677. ¿ZURDO O DIESTRO?

Carlos era diestro y en su familia habia muy pocos zurdos.

Al poco tiempo de nacer su primer hijo tuvo el presentimiento de que usaría la mano izquierda de forma dominante.

Al pasar el tiempo, comprobó que acertó en su deducción.

¿En que se basó para aventurar esa condicion en su hijo apenas nacer?

2679. IMAGEN CENSURADA.

La siguiente imagen parece que ha sido censurada.

¿Qué es lo que se ha borrado?

2681. ¿EN QUÉ QUEDAMOS?

Puedo ser larga o puedo ser corta.
Puedo ser tuya o la puedes comprar.
Puedes pintarme o dejarme sin pintar.
Puedo ser redonda o puedo ser cuadrada.

¿Quién soy?

2683. LIGERÍSIMA.

Aunque soy más ligera que el aire que respiramos ni siquiera un millón de hombres me pueden levantar.
¿Quién soy?

2685. CABEZA A LA VISTA.

Siempre que me escondo suelo dejar mi cabeza fuera.
¿Quién soy?

2687. MUCHA CONCURRENCIA.

Vivo en un lugar muy concurrido de la ciudad y suelo dejarle a Vd. que se quede conmigo cierto tiempo.

Si no me alimenta, se puede meter en problemas.
¿Quién soy?

2689. VAYA RESISTENCIA.

Ni puedo ser quemado en un incendio ni me ahogó en el agua.
¿Quién soy?

2691. ARRIBA Y ABAJO.

Va hacia arriba y hacia abajo sin moverse.
¿Qué es?

2693. EL MEJOR MATRIMONIO.

¿Qué condición deberían tener el marido y la mujer para ser considerado un matrimonio perfecto?

2695. DIVORCIOS RÁPIDOS.

En un pequeño pueblo, 9 de cada 10 matrimonios se divorciaron en apenas un par de meses.
¿Por qué?

2697. LA PROFESIÓN.

¿Cual es la profesión del personaje de la imagen adjunta?

2699. EL CHEQUE FALSO.

El cheque adjunto es mucho más falso de lo que ya de por sí sabemos que es.

¿Por qué?

2701. CON SUS PESOS.

Ando siempre soportando pesos y si me los quitan ya no puede andar.
¿Quién soy?

2703. CONTRA LA CALVICIE.

¿Cuál es el mejor remedio existente contra la calvicie?

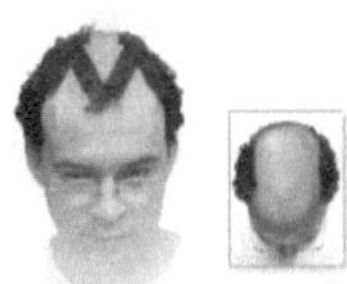

2705. LA CIUDAD.

Donde vi gotas de lluvia caer,
allí, en esa ciudad
que ya le he dicho cuál,

es donde conocí a mi mujer.

2707. ¿BORRACHO?

Ando como un borracho,
dejo un rastro evidente,
soy testigo en todo contrato
y vivo con toda la gente.

2709. LO PARA EN MARCHA.

¿Cuál es el ave que puede parar un coche en marcha?

2711. EL CAMPO DE FÚTBOL.

¿Qué campo de fútbol español tiene por nombre dos lavadoras?

2713. EL MÁS RÁPIDO Y NO GANÓ.

Juan corrió más rápido que nadie aquella carrera de velocidad, sin embargo, sólo se llevó la medalla de plata.

¿Por qué?

Juan es humano, no hubo accidentes, trampas, penalizaciones a ninguno de los corredores, era la carrera final y no computaban otros tiempos de otras carreras. Por más rápido, entendemos, que recorriendo todos la misma distancia (que fue lo que ocurrió), lo hizo en el menor tiempo.

2715. MUEBLE Y ANIMAL.

Un animal es mueble y animal a la vez.

¿De qué animal se trata?

2717. FRUTA MUY CAPAZ.

Soy una fruta tan capaz,
que vista desde delante
o leída desde atrás
igual doy el mismo cante;
pocas tienen tal facultad,
que yo sepa, no obstante.

Pista: (La imagen)

2719. SER Y NO SER.

¿Qué cosa no ha sido y tiene que ser, y que cuando sea dejará de ser?

2721. COMO UNA CORDILLERA.

Cuando me observas de lado
parezco una cordillera,
el don que me fue otorgado

es dar forma a la madera.

¿Quién soy?

2723. LAS EDADES.

Observe esta conversación entre Carlos y María.

Carlos: Soy más joven que tú.
María: Yo tengo 32 años.
Carlos: Yo tengo 34 años.
Si los dos dicen la verdad, ¿cómo podría explicarse?
(No tiene nada que ver con años bisiestos)

2725. ¿SE ACERCA O SE ALEJA?

El fotógrafo portugués Joaquim Alves Gaspar tomó la foto adjunta en São Martinho do Porto en la costa de Portugal.

En ella se ve a un hombre en un túnel que no sabemos si se acerca o se aleja.

¿A Vd. qué le parece?

2727. EL MONASTERIO.

En un monasterio, los monjes sólo se reúnen una vez al día para cenar.

El resto del tiempo lo pasan rezando a solas, sin verse.

No pueden hablar.

El único que puede hablar es el abad.

Un día les dice: "Una terrible enfermedad no contagiosa ha llegado al monasterio y, desgraciadamente, veo que hay monjes infectados. El único síntoma que se puede apreciar es que al enfermo se le pone la cara negra. Sin embargo, él no sentirá nada. Quien contraiga la enfermedad debe suicidarse en cuanto lo sepa".

Los monjes siguen con su vida normal, hasta que 10 días después, al reunirse a cenar, ven que faltan algunos de ellos.

Van a sus habitaciones y ven que se han suicidado, y que, además, eran los que tenían la enfermedad.

En el monasterio no hay espejos ni objetos reflectantes, por lo que los monjes no han podido verse la cara.

Además, los monjes son unos lógicos perfectos, y todos confían plenamente en la lógica de sus compañeros.

¿Cómo supieron los monjes infectados que efectivamente tenían la enfermedad?

¿Cuantos estaban enfermos?

2729. TRES SALIDAS.

Está Vd. solo en un desierto, este desierto tiene tres salidas, en dos de ellas hay varios leones que si pasa le devoran, y en la tercera hay una lupa gigante que si pasa le quema.

¿Por dánde saldría Vd.?

2731. EL NIÑO.

En un matrimonio cubano común ocurre un acontecimiento feliz, ha nacido un niño.

Si a los once meses parten de viaje desde Cuba hasta China, ¿dónde le salen los dientes al bebé?

2733. PARECE PARADÓGICO.

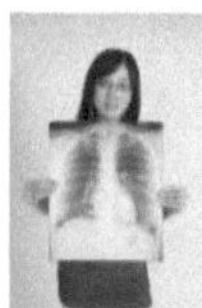

Algunos me utilizarán, mientras otros no lo harán.
Algunos me recuerdan, mientras que otros me olvidan.
Para obtener beneficios o ganancias, soy utilizado expertamente, ya que no puedo ser arrancado ni expropiado.
¿Quién soy?

2735. FOTO PROHIBIDA.

¿Por qué no se puede hacer una foto a un hombre con una pata de palo?
¿Lo prohíbe alguna ley reciente?

2737. ¿MAFIOSO?

Tengo la boca grande, hago bastante ruido y siempre estoy implicado en negocios sucios.
¿Quién soy?

2739. BEBE SIN SED.

El hombre es el único animal que bebe sin tener sed.
¿Gracias a qué?

2741. TUMBADO Y DE PIE.

¿Cómo colocar al mismo tiempo a un hombre de pie y tumbado?

2743. DISTINTO APELLIDO.

Mis únicos cuatro primos, siendo hijos del mismo padre, tienen todos ellos el primer apellido distinto.

¿Cómo es posible?

2745. PESADA, DICHA...

Puedo ser pesada, puedo ser hecha, puedo ser dicha, puedo ser jugada.

¿Quién soy?

2747. AL TIEMPO.

Por nacer al mismo tiempo
hermanos gemelos son,
uno es rápido y brillante
el otro es lento y fanfarrón.

2749. MIL CARAS.

Tengo más de mil caras
y siempre digo la verdad,
pero cuando Vd. me mira
sólo una cara le puedo enseñar.

2751. PATADAS Y PUÑETAZOS.

Le pegaba patadas y puñetazos, y aunque a veces había testigos, no se lo reprochaban.

¿Puede explicar Vd. la situación?

2753. MADRE ASESINA.

La misma madre que le dio el ser
(ya que un padre no pudo tener)
le hizo poco a poco perecer,
y lo hizo cuando más duro era él.
¿Quién mató a quién según tu parecer?

2755. LA VIEJA LÁPIDA.

Varios misterios se ciernen sobre la historia de esta vieja lápida adjunta.

¿Por qué Benita murió tan joven?
¿Qué grave error cometieron al escribir su nombre en la lápida?

2757. EL DESTRIPADOR.

Jack el Destripador, destripaba con la mano izquierda.

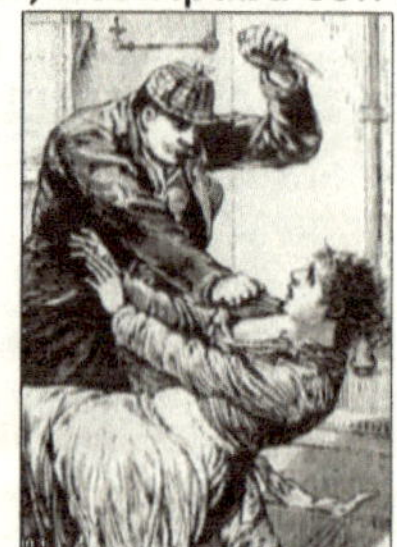

¿Sabe Vd. por qué?

2759. SIN SALIR DE CASA.

¿Puede recorrer el mundo sin salir de casa?

¿Quién es?

(No se fíe de la imagen)

2761. NI AVE NI NADA.

No soy ave ni soy pez,
no soy de la especie alada;
y sin ser ave ni nada,
soy ave y nada al revés.

¿De qué se trata?

2763. DOS LIBROS.

Hay dos libros sobre los que todo el mundo opina,
aunque casi nadie los ha leído.
¿Sabe Vd. cuáles son?

2765. EN UN DEDAL.

Aunque rodea al mundo vive dentro de un dedal.
¿Qué es?

2767. LA MASCOTA.

¿Qué tipo de mascota siempre permanece en el suelo?

2769. LIMPIO Y SUCIO.

En tus manos estoy limpio,
en tus ventanas me ensucio,
si sucio, me ponen limpio,
si limpio, me ponen sucio.

¿Qué es?

2771. HERMANOS HABLADORES.

Dos hermanos sonrosados,
juntos en silencio están,
pero siempre necesitan
separarse para hablar.

2773. AL ESCONDITE.

¿Cuál es el mejor sitio par esconder una oveja?

(No se fíe de la imagen)

2775. PINTANDO SU AUTORETRATO.

Aquella mujer nunca había visto su propia cara (ni reflejada en ningun espejo o similar ni en fotografia ni dibujada).

No tenía el sentido del tacto especialmente desarrollado.

¿Cómo pudo entonces pintar, usando pinceles y pintura, su propio retrato de una manera bastante fidedigna?

2777. PAPÁ NOEL.

¿Sabe Vd. por qué se le llama a Papá Noel así?

2779. LA FLECHA.

¿Se pueden mover sólo 2 de estas monedas y cambiar la dirección de la flecha?

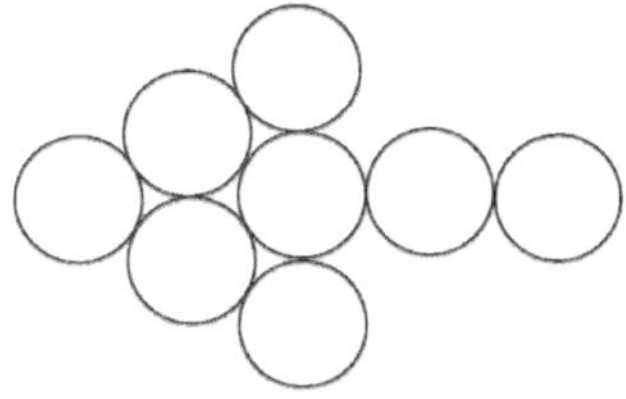

2781. BARATÍSIMA.

¿Cuál es la fotocopiadora más barata?

(Por cierto, es buenísma)

2783. EL MENSAJE DE FELIPE VI.

El primer mensaje navideño del rey Felipe VI, de diciembre de 2014, fue catalogado como el mensaje de las tres "ces".

¿Sabe Vd. por qué?

2785. EL CUMPLEAÑOS.

¿Cuál es la manera más efectiva de recordar el cumpleaños de tu mujer?

2787. MAL VESTIDO.

Era un tipo que se vestía tan mal que le llamaban la "caja fuerte".
¿Sabe Vd. por qué?

2789. DESESPERADO.

Anoche te estuve buscando desesperadamente, quería sentirte sobre mi cuerpo desnudo... Me fui a la cama sin ti. ¿Dónde estabas?
¿Me podría decir Vd. lo que buscaba?

2791. BONITO JEROGLÍFICO.

Un jeroglífico de tres palabras.

2793. CADA CENTÍMETRO.

Soy el único que conoce cada centímetro de tu cuerpo.

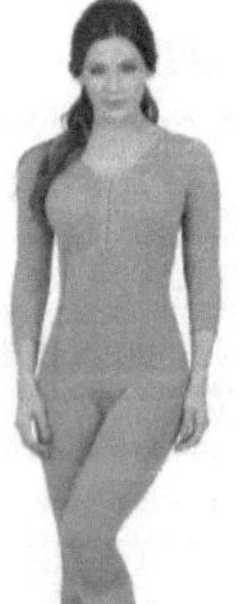

¿A quién se le podría atribuir dicha frase?

2795. CINCO ROSQUILLAS PARA LOS NIÑOS.

Hay que repartir en partes iguales 5 rosquillas entre 6 niños.

¿Cómo lo haremos sin dividir ninguna rosquilla en 6 partes iguales?

2797. MAÑANA SERÁ...

Si ayer hubiera sido miércoles, dentro de 72 horas sería el día de la semana que realmente será pasado mañana.

¿Qué día de la semana será mañana?

2799. CRUZANDO EL RÍO CON EL BOTE.

Dos hombres y dos muchachos quieren cruzar un río usando un bote, que sólo puede llevar a dos muchachos o a un hombre.

¿Cuál es el menor número de veces que debe cruzarse el río para pasar a las cuatro personas de una orilla a la otra?

2801. ALGUIEN CASI PERFECTO.

Si Vd. busca a alguien que le sepa escuchar, que haga lo que Vd. le diga y que le lleve adonde Vd. quiera, ¿qué debe hacer?

2803. EMBUSTEROS Y VERACES.

En un grupo de 5 personas ha embusteros, que siempre mienten, y veraces, que siempre dicen la verdad. A cada uno de ellos se le pregunta: *"¿Cuántos embusteros hay en el grupo?"*. Se obtienen las siguientes respuestas: *Uno, dos, tres, cuatro, cinco.*

¿Cuántos embusteros hay en el grupo?

2805. COMPRANDO A PARES.

Ayer compré en la ferretería dos destornilladores. Podía haber comprado uno por 1,50 € o los dos por 2,50 €. El vendedor me dijo que ganaba lo mismo con cualquiera de las dos ventas.

¿Es posible o se equivocaba el vendedor?

2807. LA NACIONALIDAD.

¿De qué nacionalidad es la pareja de la siguiente imagen?

2809. ERROR GRAVE.

¿Qué grave error han cometido en la imagen adjunta los que la han retocado?

2811. MENUDO REGALO.

Cuando ella se lo regaló a su novio por su cumpleaños, le dijo que sería capaz de ponerlo de 0 a 100 en dos segundos.

El vendedor pudo hacerlo, el novio también, pero ella no.

¿Qué le regaló?

2813. POR SI NO LO SABÍAS.

Hacerlo de pie fortalece la columna, boca abajo estimula la circulación de la sangre, boca arriba es más placentero, hacerlo sólo es bonito, pero egoísta, en grupo puede ser divertido, en el baño es muy digestivo, en el coche puede ser peligroso...

Hacerlo con frecuencia desarrolla la imaginación, entre dos enriquece el conocimiento, de rodillas resulta doloroso...

En fin, sobre la mesa o sobre el escritorio, antes de comer o de sobremesa, sobre la cama o en la hamaca, desnudos o vestidos, sobre el césped o la alfombra, con música o en silencio, entre sábanas o en el baño.

Hacerlo, siempre es un acto de amor.

No importa la edad, ni la raza, ni el credo, ni el sexo, ni la posición económica...

¿A qué nos estamos refiriendo?

2815. PERSECUCIÓN INÚTIL.

Un señor de avanzada edad va corriendo por su propio pie y no utiliza ningún vehículo.

Unos metros detrás de él y en su misma dirección y sentido corren dos hombres jóvenes, en buen estado de forma, sin ninguna discapacidad y manteniendo un ritmo fuerte, sin embargo, no logran alcanzar al señor mayor. ¿Podría Vd. explicar la situación?

2817. LA REBANADA.

¿Cómo se le llama a la primera rebanada del pan bimbo?

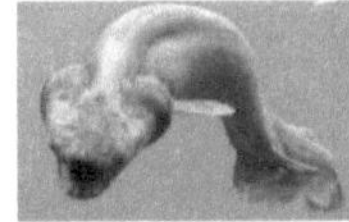

2819. ANTIQUÍSIMOS.

¿Cuáles son los animales más antiguos?

2821. LA EQUIVOCACIÓN.

Observe Vd. la tarjeta adjunta y conteste si puede.

2823. A GUANTAZOS.

Una pareja de ancianos está sentada en sus mecedoras, tomando el sol en el porche de su casa tranquilamente, cuando de repente ella le pega un guantazo a él.

Pero, Maria, ¿a qué viene esto?

Eso es por los cincuenta años de mal sexo que he tenido contigo.

Se quedan callados otro rato tomando el sol, y de buenas a primeras él le pega un guantazo a ella.

Pero, Pepe, ¿a qué viene ahora esto?

¿Por qué dijo él que le pegó el guantazo a ella?

2825. EL MAGO DEL ORO.

¿Qué mago mete plomo en tu boca y saca oro de tu bolsillo?

2827. OJO A LA PISTA.

Complete la casilla que falta y tenga en cuenta la pista dada.

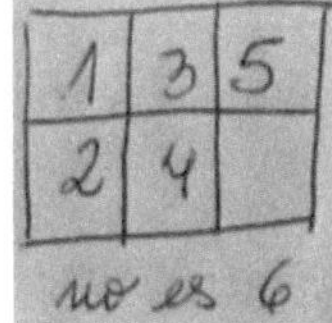

2829. TAXISTA VENGATIVO.

Al no recibir propina, el taxista se vengó de una manera original.

No hizo nada ilegal, no puso al cliente ante ninguna situación física incómoda o peligrosa, ni insultó ni menospreció ni nada que el cliente pudiera denunciar de algún modo, pero le fastidió bastante.

¿Qué hizo el taxista?

2831. TRAIGAN FRUTA.

A una reunión, cada representante de un país llevó un tipo de fruta.

Croacia llevó albaricoques, Austria tomates, Dinamarca mandarinas, Hungría granadas.

¿Qué llevó Francia? ¿Por qué Polonia no acudió a la reunión?

2833. ¡QUÉ CURIOSO!

Estando en un restaurante con mi hija pequeña, ella al ver algo por primera vez, exclamó: ¡Mira papá, que curioso!

Claro, ella no sabía que yo lo había visto cientos de veces.

¿Es Vd. capaz de explicar a qué se refería mi hija?

2835. POR MI LADO.

Aunque la ley cambió, mucha gente no hacía caso al principio a pesar del peligro que ello conllevaba.

¿De qué ley se trata?

2837. SUSPENDIDO.

El padre: ¿Qué tal el examen de mi hijo?
Profesor: Está suspendido. ¡Enhorabuena!
¿Sabe Vd. de qué era el examen?

2839. CAMBIO DE COCHE.

Papá, ¿me ayudas con el examen de Historia mientras me llevas al colegio?

Claro, hijo, pregunta...

Es sobre la Toma de la Bastilla.

Entonces, espera que vamos con el coche de tu madre.

¿Por qué quiso el padre cambiar de coche?

2841. LA TIENDA.

Un hombre entra a una tienda y dice: *Hola.*
La una.

¿De qué era la tienda?

2843. DE MAYOR.

Carlitos, ¿qué quieres estudiar de mayor?
Rotondas.
¿Por qué?

2845. POBRE CURA.

Durante la ceremonia del bautizo de su hija,
la madre se abalanzó sobre el cura tirándolo y
haciéndolo rodar por el suelo.
¿Por qué?

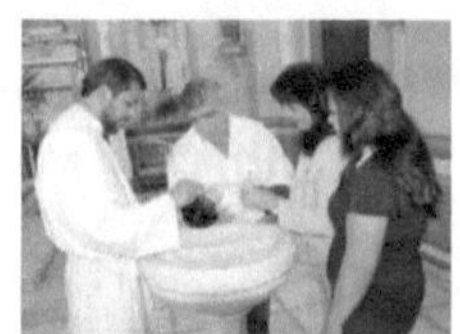

2847. VAYA SITIO.

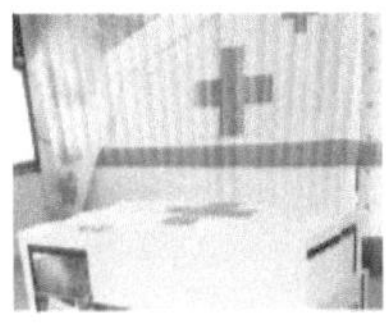

Mi amigo Raúl conscientemente fue a un consultorio de la Cruz Roja a comprar preservativos. ¿Sabe Vd. por qué?

2849. TODO PARA VD.

Raquel está sentada en un pequeño recinto rodeada de gente.

Está en posesión de algo que deja a Luis.

Segundos más tarde, Luis se lo cede a Mónica.

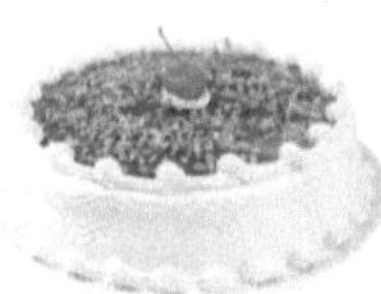

Un minuto después Mónica se lo da a Julio, que al cabo de dos minutos lo abandona.

Pasados cinco minutos, todos se han ido.

Estas cuatro personas no se habían visto nunca anteriormente, no se conocían de nada y quizá no se vuelvan a ver más.

¿Qué es lo que se pasaron de unos a otros?

2851. EL PASTEL VOLÓ.

María hizo un pastel para su hija Noemí, pero sin permiso, su otra hija Sara se lo comió.

María supo que Sara se lo había comido y no le dijo nada.

Sara negó haberlo hecho, y Sara no mentía.

¿Por qué no la castigo? ¿Por qué Sara negó haberlo hecho?

2853. EL POLVILLO MÁGICO.

El mago, vuelto de espaldas, le pide a un voluntario echar unas cuantas cerillas en un vaso y que recuerde si la cantidad es paro o impar.

Ahora dice el mago: *Tengo un polvillo que hace maravillas; convierte los pares en impares, y los impares en pares.*

Tras decirlo echa a ciegas en el vaso el polvillo mágico. Pide entonces que se recuenten las cerillas. ¡La predicción se ha cumplido!

Si el voluntario había puesto una cantidad impar, ahora encuentra una cantidad par, y si había puesto cantidad par, ahora hay impar.

¿Qué traía ese polvillo mágico?

2855. CAÍDA DEL IMPERIO ROMANO.

Los romanos nos enseñaron que 40 (XL) es menor que 50 (L).

Hoy vemos, sin embargo, que 40 es mayor que 50.
¿Dónde ocurre esto?

2857. FENÓMENO ZOOLÓGICO.

Ayer por la calle vi un perro con tres patas.
Al fijarme mejor en él, observé que no estaba cojo y pude contar cuatro cabezas.
¿Cómo se explica?

2859. RARA SUMA.

Piense, concéntrese y resuelva la siguiente suma.

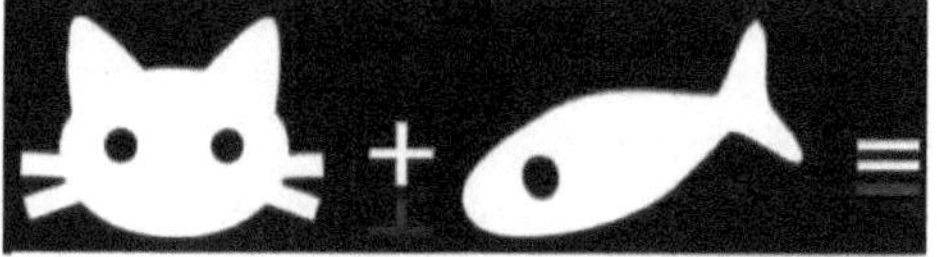

2861. VALIOSO LIBRO.

Un hombre tenía un libro que valía 40.000 euros.

Conscientemente lo destruyó.
¿Por qué?

2863. QUE PAREZCAN 10.

Coloque cinco cerillas de tal forma que parezcan diez.

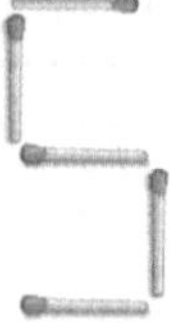

2865. CAMPEÓN SATISFECHO.

En esa carrera L. Hamilton quedó penúltimo y F. Alonso quedó segundo, sin embargo Hamilton estaba mucho más contento que Alonso.

¿Por qué?

2867. AVIONES...

Mueva una línea para que se vean varios aviones volando.

2869. LAS 100 CANICAS.

Juanito tiene dos bolsas con canicas en su interior.

En una de las bolsas tiene el doble número de canicas que en la otra.

Vacía las bolsas para contarlas. Hay exactamente 100 canicas en total, todas enteras, ninguna rota.

¿Cuantas canicas había en cada bolsa?

2871. SIETE CAMPANAS.

La tienda tiene el letrero con su nombre: "LAS 7 CAMPANAS". Sin embargo, en la marquesina exterior se exponen ocho campanas.

¿Cuál es el motivo?

2873. PASTELES A EURO.

La madre les dio a cada uno de sus dos hijos, una docena de pasteles para que fueran a venderlos al mercado a 1€ cada pastel.

También les dio a cada uno 5€ en monedas de 1€ para que pudieran dar cambio si fuera necesario.

Los hijos fueron obedientes, no se equivocaron con las ventas, vendieron todos los pasteles, nadie les dejó a deber nada, pero volvieron cada uno sólo con 5€.

¿Por qué?

2875. OGRO Y DRAGÓN.

Está Vd. encerrado en una habitación en la que sólo hay dos puertas de salida.

Una está custodiada por un dragón gigante capaz de escupir intensas pero breves llamaradas.

La otra esta defendida por un ogro con una lupa gigante capaz de alcanzar altísimas temperaturas.

Odia Vd. el fuego, pero aún más el calor.

¿Por qué puerta saldría Vd.?

2877. LA RAZA EQUINA.
¿De qué raza es el caballo de la foto?

ESPAÑOLA - ÁRABE - INGLESA

2879. EXTRAÑA CONVERSACIÓN.

Entra un hombre con su perro en el bar, llegan a la barra y el hombre se dirige al perro: *¿Quieres tomar algo?*

El perro le contesta: *No; vámonos de aquí, no es lugar para perros.*

Nadie se extrañó por la conversación.

¿Por qué?

2881. SUERTE, DIA NUBLADO.

Cuando vio el cielo nublado, no podía imaginar que eso sería una grandísima suerte para él y para toda su familia. *(Hecho histórico)*

2883. PLAGIO DE MAPAS.

Un editor denunció a otro por plagio de las imágenes y fotos de uno de sus atlas.

Aunque los mapas tenían un aspecto similar, no eran iguales, y el editor denunciado, alegó que las imágenes eran propias, y que al ser imágenes aéreas del mismo contenido, que obviamente no está sometido a derechos de autor, era normal que fueran parecidas.

El tribunal dio la razón al demandante.

¿Cómo pudo demostrar que las imágenes eran suyas y el otro editor las plagió y no las obtuvo de forma propia?

2885. LA HACHE.

Mueva Vd. los dos rectángulos indicados por las flechas para formar una H.

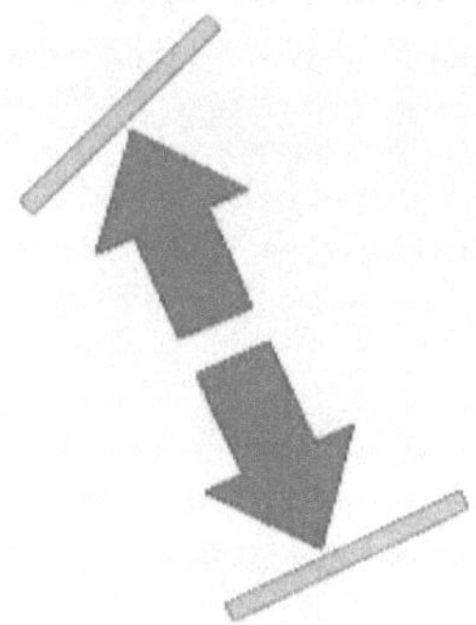

2887. LOS TABLONES.

Reordene Vd. los siete tablones adjuntos para que quede sólo un cuadrado.

Debe usar todos los tablones, sin romperlos ni superponerlos.

2889. A CIEGAS.

¿Por qué iba esa mujer caminando por la calle con los ojos vendados?

Lo hacía voluntariamente y no era ningún juego.

2891. GRAN ENFADO.

Juan quería que sucediera, pero como pasaban los meses sin que ocurriera, se estaba desesperando.

Cuando finalmente ocurrió, no sólo no le hizo feliz sino que cogió un gran enfado.

¿De qué hablamos?

2893. NÚMERO MÍNIMO.

Para ir desde el punto A hasta el punto B hay que subir cuatro escalones.

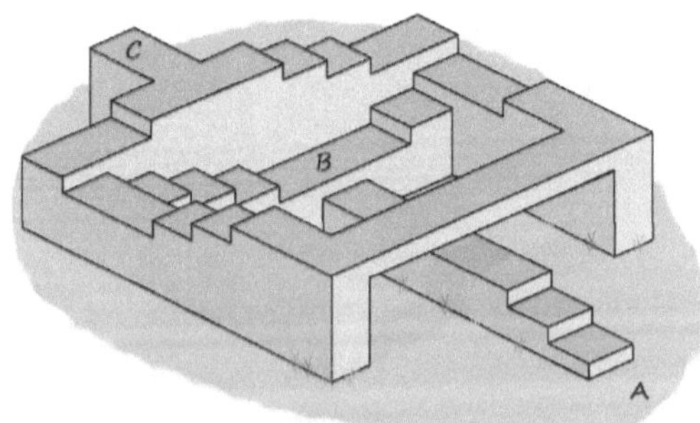

¿Cuál es el número mínimo de escalones que hay que subir para ir desde A hasta C?

2895. RESCATE PAGADO.

Cuando su hijo fue raptado, los secuestradores pidieron como rescate la entrega de un diamante que sabían que la madre tenía.

La entrega debía hacerse en el centro de un parque, donde había una cabina telefónica a la cual la mujer debía dirigirse con el diamante para su entrega.

Avisada la policía por la madre, varios agentes de paisano rastrearon la cabina y el parque varias horas antes, sin encontrar nada sospechoso y vigilaron minuciosamente durante la llegada de la mujer, con suficientes hombres y medios a su disposición.

Al llegar esta con el diamante, entró en la cabina, descolgó y recibió un mensaje.

En unos segundos, el diamante fue entregado sin que a los policías les diera tiempo a recuperarlo ni a capturar a ninguno de los raptores.

¿Cómo lo hicieron?

2897. PUZZLE   CON DADOS.

Los dados de la figura son dados habituales.

Cuál de las dos columnas muestra una suma mayor en el total de su superficie visible (se entiende lógicamente que hay que sumar también las de atrás).

2899. CRIMEN PASIONAL.

Hacía más de un mes que no se veían.

Cuando se encontraron se fundieron en un apasionado beso.

Ella murió minutos más tarde.

¿Qué pasó?

2901. EL SOBRINO PREDILECTO.

Mercedes tenía tres sobrinos y ningún hijo, Alejandra, Carlos y Daniel, a los que quería mucho y por igual.

Los tres sobrinos también querían mucho a su tía y tenían una posición económica y social similar entre ellos.

Cuando murió Mercedes, sin embargo, legó toda su fortuna a Alejandra.

¿Por qué?

2903. OLOR A PAN.

La casa llevaba deshabitada más de 3 años, sin embargo, algunos días olía a pan recién hecho.

¿Por qué?

2905. LA MUJER Y EL GENIO.

Una mujer quedó atrapada dentro de una habitación cuadrada con un genio y una pluma con tinta para poder dibujar.

El genio dijo que la liberaría si estando él en el centro de la habitación, ella podía dibujar un círculo con la pluma a su alrededor que él no pudiera saltar y escaparse de dicho círculo.

La mujer consiguió librarse.

¿Cómo lo consiguió?

2907. DÍGASELO CON FLORES.

Aquel hombre envió un gran ramo de rosas a una mujer que no conocía.

No la había visto nunca, y con ella no tenía ningún interés personal ni romántico.

¿Cuál fue el motivo del envío?

2909. ¿QUIÉN LLAMA?

Cuando Juan visitaba a alguien en sábado o domingo, tocaba el timbre de la puerta, sin embargo, entre semana, golpeaba la puerta con los nudillos para llamar.

¿Por qué?

2911. PÍLDORA ADELGAZANTE.

Aquella píldora para adelgazar se probaría en un grupo de 40 individuos sanos para comprobar su eficacia.

No tenía efectos secundarios conocidos, y los participantes no debían seguir ningún tipo de dieta, pudiendo comer lo que quisieran.

Tras 6 meses de estudio, los resultados mostraron una pérdida de peso moderada (–3 kg.) en un grupo de pacientes (aproximadamente la mitad de los participantes) mientras que en el resto produjo un ligero aumento (+2 kg).

Con estos resultados, la píldora fue considerada un gran éxito.

¿Por qué cree Vd.?

2913. EXTRAÑA ENFERMEDAD.

Cuando a María y a Josefa, el médico les dijo exactamente lo mismo sobre aquella extraña enfermedad que determinaba exactamente la fecha en que morirían, María lo asumió bien, mientras que Josefa muy mal.

Ambas gozaban de buena salud (excepto por esta extraña enfermedad).

¿Por qué?

2915. DEL MÁS ALLÁ.

Andrés miró el periódico por la mañana y se puso muy contento al leer una noticia en la que se la daba por muerto.

¿Por qué tanta alegría?

2917. LAS VECES IMPORTA.

Juan no lo hizo y fue criticado.

Pedro lo hizo y fue felicitado.

Andrés lo hizo dos veces y tuvo serios problemas.

¿Sabe Vd. de qué hablamos?

2919. TERRIBLE ACCIDENTE.

Juan circulaba por la autovía a mayor velocidad de la permitida, unos 140 km/h con su viejo Mercedes, un despiste en la conducción hizo que

invadiera el carril contrario chocando frontalmente con otro vehículo e involucrando a cinco automóviles más en el accidente.

Debido a la velocidad con la que se produjo el impacto y a un terraplén que había al lado de la autovía, varios coches dieron muchas vueltas de campana.

Juan y un conductor de otro vehículo, murieron en el acto.

Ningún otro conductor o pasajero resultó herido, pese a que todos los coches fueron declarados siniestro total debido a los graves daños que sufrieron.

¿Por qué no hubo más lesionados ni muertos, aparte de los mencionados?

2921. MOVIENDO MONEDAS.

Tenemos formado un triángulo con nueve monedas.

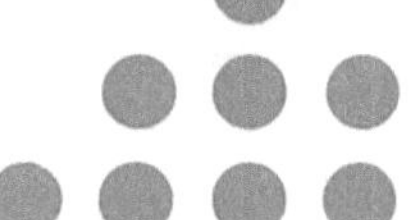

Ha de formarse un cuadrado realizando el mínimo número de movimientos de monedas.

¿Cuántos necesita Vd. hacer?

2923. DETALLE MORTAL.

En un club en Filadelfia, donde se celebraba una fiesta, se produjo un incendio a consecuencia del cual murieron en su interior más de 500 personas.

Un pequeño detalle podría haber evitado muchas muertes y a partir de entonces se redactó una ley sobre la seguridad de locales.

El detalle no encarecía el sistema de seguridad. ¿Qué era?

(Basado en un hecho real de hace ya algunas décadas)

2925. VARIANTE DE LA CADENA.

Un viajero llega a una pensión con intención de hospedarse durante un cierto tiempo.

Como no tiene dinero, llega al siguiente acuerdo con el dueño: *"De esta cadena de oro de 23 eslabones que tengo, cada día le daré un eslabón, así me hospedaré 23 días".*

¿Cuál es el mínimo número de eslabones que tiene que abrir?

2927. ¿QUÉ INDICA ESE NÚMERO?

Miré al suelo y vi en letras grandes SIX pintado en plena calle.

Estaba en España.

¿Qué cree Vd. que significaba aquello?

2929. LA CAMISA.

Juan tenía una camisa con muy claras marcas visibles de lápiz en la pechera.

La camisa la usaba con la misma frecuencia y para las mismas situaciones en su vida que otras que no mostraban esas marcas.

¿Por qué sólo esa camisa tenía esas manchas?

2931. ACCIDENTE MORTAL.

En un paseo por el campo, María vio algo que la asustó y empezó a correr.

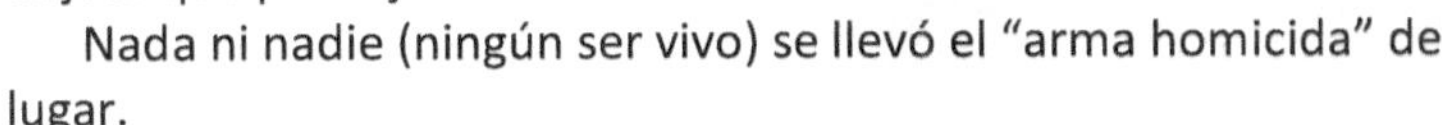

Tuvo la mala fortuna de sufrir un accidente, perdiendo la vida debido a un golpe con un objeto contundente en la cabeza.

Al día siguiente, la policía revisó toda la zona, pero no encontró el objeto que produjo la herida mortal.

Nada ni nadie (ningún ser vivo) se llevó el "arma homicida" del lugar.

¿Por qué no lo encontró la policía, pese a un concienzudo trabajo de búsqueda?

2933. EL CROMO.

En este cromo de 1890 dice que son cuatro.

¿Ve Vd. el cuarto?

2935. ¿CUÁNTOS AGUJEROS?

¿Cuántos agujeros tiene la camiseta adjunta?

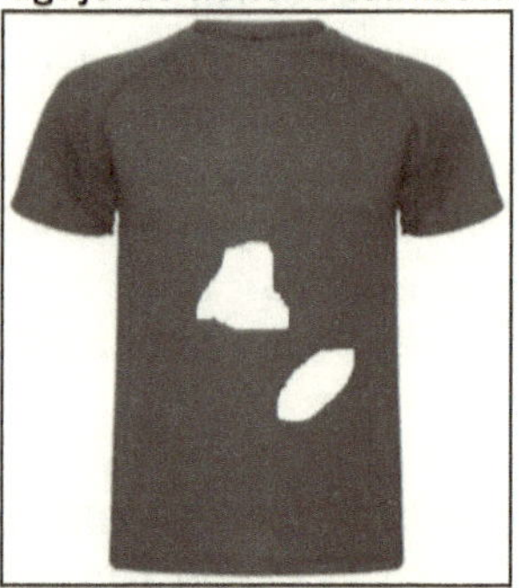

2937. IMAGEN OCULTA.

¿Qué se esconde en la imagen adjunta?

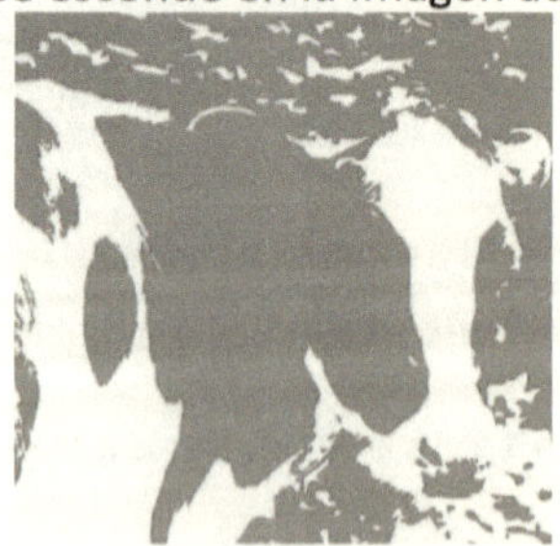

2939. COMPLETA LA SERIE.

Complete la siguiente serie con el primer y último término y explique el patrón seguido.

X, 8, 12, 1, 2, 7, 6, 3, 5, 11, 10, Y

2941. NIÑOS EN CASA.

Hay 10 niños (y nadie más) en una casa. A está planchando, B está viendo la televisión, C está cocinando, D está jugando al ajedrez, E está bañándose, F está escuchando la radio, G está durmiendo, H está vistiéndose, I está limpiando.

¿Qué cree Vd. que está haciendo "J"?

2943. VA DE CERILLAS.

Mueve dos cerillas para formar una hora entre las 4 y las 5.

Las cerillas no pueden romperse, doblarse ni superponerse y tienen que usarse todas las que aparecen.

2945. ENCUENTRE LA EXPRESIÓN.

Una expresión muy conocida es la solución del siguiente jeroglífico.

¿Podrá Vd. encontrarla?

2947. DÍGITOS SUPERPUESTOS.

Tomamos tres dígitos diferentes de entre los siguientes, usamos la grafía que se muestra en la imagen y los superponemos.

Obtenemos la imagen siguiente:

Un color gris claro indica que hay un segmento y el color negro indica que hay dos segmentos superpuestos.

Encuentre Vd. los tres dígitos.

2949. SECUENCIA ALFANUMÉRICA.

En la siguiente secuencia, ¿qué letra debe continuar: A, B, C o D?

2951. A CRUZAR EL RÍO.

Dos jóvenes quieren cruzar a la orilla opuesta del río.

Para ello disponen de una barca que sólo puede transportar a uno de ellos.

La barca no puede pasar de orilla a orilla si no va en ella uno de los jóvenes.

No hay cuerdas ni argucias similares.

Los dos son capaces de remar.

No pueden tirarse al río a nadar ni cruzar el río de otra forma que montados en la barca.

¿Cómo lo consiguieron?

2953. UN LITRO DE VINO.

En una bodega se vende vino al por menor.

Tiene dos barricas destapadas de 30 litros, una llena y la otra vacía.

Un cliente llega con un recipiente de 2 litros y pide un litro de vino. ¿Cómo se puede conseguir entregárselo?

2955. TETRIS SOBRE EL TABLERO.

¿Es posible formar un tablero de ajedrez de 10 x 10 casillas con 25 figuras como la adjunta?

La figura está formada por cuatro casillas, no hay trampas.

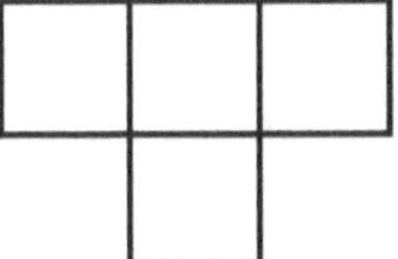

2957. ANCIANOS PROFESORES.

(Adaptado de "Tres sombras en el camino" de Ivan Morris)

Dos profesores mantenían la siguiente conversación en 1968:

Hoy pareces más viejo, Hoph, ¿has dormido bien?

Sí, John, he dormido bien. De todas formas, por viejo que me encuentre, siempre seré 2555 días más joven que tú.

Es verdad. Qué curioso, por cierto, que los dos hayamos nacido el mismo día de abril.

¿Qué edad tenían entonces los dos profesores?

2959. ALIEN MATEMÁTICO.

Se encuentra Vd. con un extraterrestre. Le da 15 manzanas en señal de amistad, sin embargo él dice que le está dando 13 manzanas.

¿Cuántos dedos tiene en cada una de sus cuatro manos?

2961. EL MÁS POPULAR.

¿Cuál es el método anticonceptivo más popular?

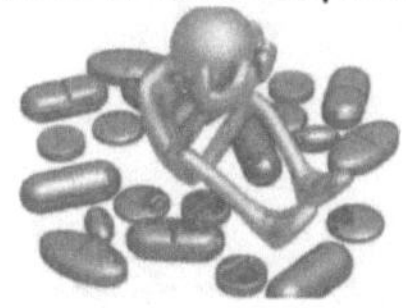

2963. SIN PODER ADIVINAR.

Dos hombres dialogan acerca de los gustos literarios de sus respectivas esposas.

Uno de ellos dice: *A mi mujer le encantan esos libros que no se sabe como van a terminar, y que hasta el final uno nunca puede adivinar si va a*

salir todo bien o va a ocurrir alguna tragedia.
¿Ah, sí? ¿Qué tipo de libros?
¿Lo sabe Vd.?

2965. EL PUENTE.

Cuatro soldados heridos han de cruzar un puente, seriamente dañado, por la noche.

El puente sólo soporta el peso de dos soldados y cuando lo cruzan deben de hacerlo a la velocidad del más lento.

Los cuatro sólo tienen una linterna que deben de usar cada vez que cruzan el puente.

Individualmente tardarían 1, 2, 4 y 6 minutos respectivamente en cruzar el puente.

¿Cuál es el mínimo tiempo necesario para que lo crucen todos los soldados?

2967. CHALET CON PISCINA.

Las dos imágenes adjuntas muestran una casa con una preciosa piscina en el jardín.

¿Podría calcular Vd. la superficie aproximada de dicha piscina?

2969. MÉDICO SOBREPASADO.

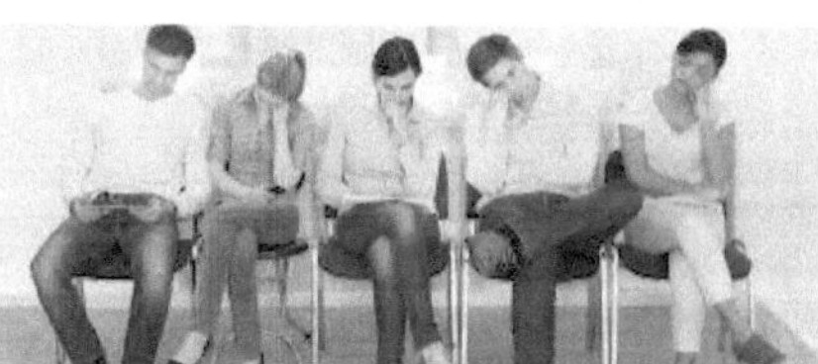

Tenía el médico, ahora que ya llueve, un lío tremendo de pacientes en la consulta.

Les dijo: *Erais 99 y acaba de llegar doña Tere, así que ahora 106.*

¿Cuántos pacientes tenía realmente?

2971. VA DE ADIVINANZAS.

Trate de adivinar estas cuatro.

1. Cuando adivine esto, mago será.

2. ¿A qué animal hay que distraer para que no cambie de sexo?

3. Nace en el mar, muere en el río. Ese es mi nombre, ¡pues vaya un lío!

4. Por último, si se cree ya muy listo, adivíneme esa.

2973. JÓVENES.

Por mi cuenta ocupo el lugar 24.

Dos de nosotras y tengo 20 años.

Tres de nosotras y tengo 18 años.

¿Quién soy yo?

2975. ¿EN NAVIDAD O EN EL NIÑO?

Para el sorteo de lotería de Navidad tengo un décimo. Para el sorteo del Niño llevo dos décimos.

El Gordo de Navidad reparte 4 millones de euros por décimo.

El Gordo del Niño reparte 2 millones de euros por décimo.

Si en los dos sorteos me toca el Gordo, ¿en cuál obtendré mayor cantidad de dinero?

2977. PECES DE COLORES.

¿Qué peces de las imagenes adjuntas son del mismo color?

2979. CON UN OJO.

¿Tiene un ojo pero no puede ver?
¿Quién es?

2981. ABANDONADA.

Cuando Vd. me necesita me abandona.
Cuando ya no me necesita me lleva con Vd. de nuevo.

¿Quién soy?

2983. NO ME VEN Y CONTESTO.

Muchos me han oído pero nadie me ha visto.

Nunca hablo el primero, espero a que hablen para contestar.

¿Quién soy?

2985. UN RINOCERONTE.

Va Vd. por la selva con 2 amigos. Usted nunca ha oído hablar del rinoceronte, no sabe como es ni tiene ni la más mínima idea sobre él.

Uno de los amigos, señala a una jirafa y le dice, *"eso es un rinoceronte"* mientras que el otro amigo señala a un elefante y le dice *"eso es un rinoceronte"*.

¿A cuál de los dos creería y por qué?

2987. EFICAZ IMAGEN.

La siguiente imagen se publicó en la revista Life nada menos que en 1887.

¿Sabe Vd. qué significa?

2989. DE FALSA A VERDADERA.

La siguiente igualdad falsa se ha formado con palillos.

¿Cuál es el menor número de palillos que hay que mover para hacerla verdadera?

No se permite mover uno o varios para formar una desigualdad.

2991. EN EL CALENDARIO.

¿Qué ocurrió el primer viernes de abril del año 2013 que no pasaba desde junio de 1987?

2993. MARCHANDO UNA DE GAMBAS.

El otro día vi en un bar un cartel que ofrecía, por 12 euros, una ración de gambas acompañada, a elegir, por tres tercios de cerveza o cuatro quintos de la misma bebida.

Yo creo que el contenido del cartel supone un claro golpe a la equivalencia de fracciones.

¿A Vd. qué le parece el contenido del cartel?

2995. OPERANDO DE CIERTA MANERA.

Busque Vd. alguna manera de restar dos a cinco y que quede cuatro.

2997. AVANZANDO EN LA SERIE.

¿Cuál sería el siguiente término de la serie adjunta?

2999. DOBLE SERIE.

¿Qué relación existe entre la serie (6, 2, 5, 5, 4, 5, 6, 3, 7, 6) y la de los 10 dígitos del sistema de numeración decimal adjunta?

3001. DOS HINCHAS DE FIESTA.

Por casualidad se juntan para ir de fiesta un hincha del Real Madrid y otro del Barça.

Al final, un poco cargados, han de volver a casa en su propio coche, por su seguridad, ¿quién de los dos es el que tiene que conducir?

3003. IDIOTAS.

¿Se le ocurre a Vd. algo por lo que decir que los seres humanos somos idiotas?

3005. CON EL SIETE.

Pedí por Internet a China una camiseta del Real Madrid, con el número 7, de Ronaldo y de manga larga.

¿Se puede imaginar Vd. lo que recibí?

3007. ANTIGUO GPS.

¿Cuál es el GPS más antiguo del que se tiene noticia?

3009. EN LA DISCOTECA.

Con un DJ nunca se puede discutir.
¿Sabe Vd. por qué?

3011. INSIGNIFICANTE.

¿Cuál es el pez con el nombre más insignificante?

3013. DEL CLERO.
¿Cuáles son las verduras favoritas del clero?

3015. EXTRAÑO SER.
No tiene piernas, y sí, es manca;
cuantas más horas ella trabaja
más de estatura se rebaja;
va con nariz roja y falda blanca.

3017. AYER TUVE UN MAL DÍA.
No fui capaz ni siquiera de anotar la fecha (30 de agosto de 2007) en mi diario.

Hoy al menos he puesto el día y el mes, pero cuando llegó al año pienso que jamás podré volver a escribirlo.

Y realmente digo la verdad, ¿puede Vd. describir mi estado en un sólo adjetivo?

3019. FECHA ADOCENADA.
A las 12:12 horas del día 12/12/12 se publicó una cierta noticia. *(12 de diciembre de 2012)*

¿Tardaremos mucho en ver una fecha similar a la anterior?

3021. POEMA CON MUCHA SENSUALIDAD.

Cuando te encuentre, te poseeré.

Ese día, o a más tardar al siguiente, te llevaré a la cama.

Sin pedirte permiso me acercaré, tocaré todo tu cuerpo y te poseeré.

Te dejaré con una enorme sensación de cansancio y, ya sin fuerzas,

sentirás inaguantables deseos de abandonarme.

Lentamente erizaré tu piel y te haré transpirar profundamente.

Te haré gemir y hasta llorar.

Te dejaré sin aliento, sin aire y sentirás en tu cabeza fuertes pulsaciones.

Mientras esté contigo, no te sentirás capaz de dejar la cama.

Y cuando yo termine, me iré sin despedirme, con la convicción de que un día volveré.

Necesitamos conocer al autor. ¿Lo sabe Vd.?

3023. LOS PECES.

Tengo 30 peces, se me ahogan 17, ¿cuántos me quedan?

3025. INSECTO GANADOR.

¿Qué insecto gana todas las competiciones?

3027. LOS MESES.

¿Cuántos meses tienen 28 días durante un período de 8 años?

3029. CARÍSIMO.
¿Cuál es el animal más caro que existe?

3031. EL VIGILANTE NOCTURNO.

Un vigilante nocturno muere en pleno día, en acto de servicio, de un infarto.

¿Tiene derecho a cobrar una pensión?

3033. PÁNICO A LOS TÚNELES.

Voy a tomar el tren. Los túneles me dan pánico. Justo saliendo de la estación hay uno.

¿Sabe Vd. dónde me coloco y qué hago para permanecer en el túnel el mínimo tiempo?

3035. EL CALIFICATIVO.

¿Qué calificativo le pondría Vd. a una persona que no tiene todos los dedos en una mano?

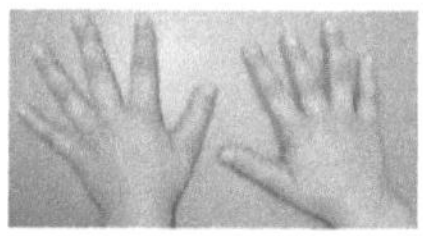

3037. POR EL NILO.

Si un pato viene nadando por el Nilo, ¿de dónde habrá venido?

3039. DE PÉNDULO.

¿Cuánto tiempo puede funcionar un viejo reloj de péndulo con cuerda para siete días si no se le da cuerda?

3041. LA CABAÑA.

La cabaña de la Sra. López está enteramente decorada de color rosa.

Sus lámparas, alfombras, cortinas y cielorraso son color rosa.

¿De qué color son las escaleras?

3043. NOSOTROS NO PODEMOS.

El señor y la señora Jones eran personas jóvenes y activas.

Su vecina, la señora Jackson, era una inválida de 93 años.

Un día los Jones le solicitaron que entrase en su casa para hacer algo que ninguno de ambos podía.

La señora Jackson no tenía ninguna habilidad que ellos no poseyesen, así que ¿para qué necesitaban su ayuda?

3045. CON MAYOR VELOCIDAD.

¿Cuándo se mueve la Tierra con mayor velocidad alrededor del Sol, en un año común o en un año bisiesto?

3047. NUNCA DECIRLO.

¿Por qué no le puede decir Vd. nunca a su pareja que tiene mal gusto?

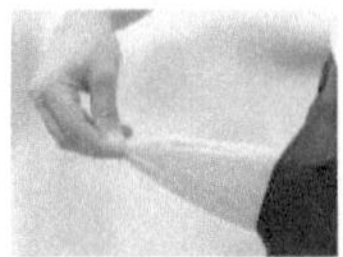

3049. BOLSILLO PARADÓJICO.

¿Cómo puede el bolsillo de un pantalón estar vacío, pero al mismo tiempo tener algo dentro?

3051. CURIOSO APODO.

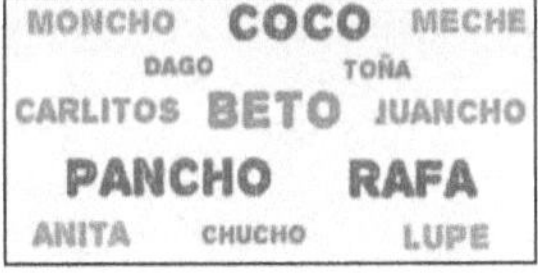

Mi mamá es química y mi papá matemático. Me pusieron como apodo Hierro59.
¿Cómo me llamo en realidad?

3053. NUNCA TIRAN.

¿Qué medicamentos nunca tiran a la basura los chinos?

3055. YA ES SÁBADO.
¿Cuál es la unidad métrica de los fines de semana?

3057. EL OBJETO.

Buscamos para Vd. un objeto tal que:
No le entra bien.
Le maltrata la punta.
Le duele por detrás.
Grita al sacarlo.
¿Sabe ya cuál es?

3059. LA BISAGRA.
A mi vecina Raquel, que es muy cotilla, le llaman *"la bisagra"*, ¿sabe Vd. por qué?

3061. LOS PILARES DE LA TIERRA.
Hoy he leído *"Los pilares de la tierra"* en tres horas.

¿Se podría considerar como una proeza o como algo normal?

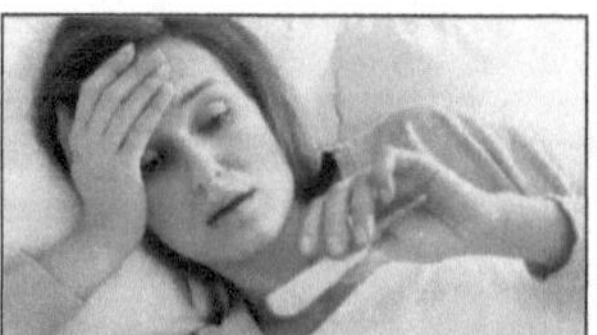

3063. DIETA IMPOSIBLE.
Tengo una enfermedad que me impide hacer dieta.
No es muy grave.
¿Cuál es?

3065. ESE LUGAR.

Si te agradara ese lugar preferirías quedarte allí un día y no un año, pero si lo aborrecieras preferirías quedarte un año y no un día.

¿Por qué?

3067. MENUDA VELOCIDAD.

Mientras Harry trabajaba en su garaje consiguió que algo se desplazara a más de 4.800 km/h.

¿Qué diablos era?

3069. HAY QUE OPERAR.

A comienzos del siglo XX muchas personas saludables fueron operadas por afecciones que realmente no tenían.

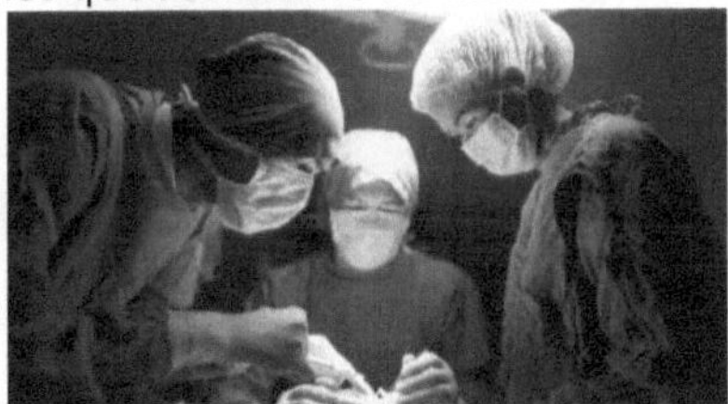

¿Por qué?

3071. TOTALMENTE SANOS.

El director de un hospital recientemente confirmó que muchos pacientes ingresados en el hospital no estaban enfermos en absoluto.

Estaban perfectamente saludables, y sin embargo se les dio atención y tratamiento médico.

¿Por qué?

3073. VOLUMEN DEL AGUA DEL LAGO.

Cerca de donde Vd. vive hay un gran lago de forma irregular, de profundidad variable y desconocida.

No hay ríos ni arroyos cuyo cauce entre o salga del lago.

¿Cómo se puede averiguar el volumen del agua del lago?

3075. SIN VIRUELA.

En el siglo XVIII una enfermedad llamada viruela era responsable de la muerte de millones de personas en todo el mundo.

El hombre a quien debe agradecerse el habernos librado de sus

estragos se llamaba Edward Jenner, un médico rural inglés que vivió entre 1749 y 1823.

Se dio cuenta de que las granjeras jamás se contagiaban con la viruela.

A partir de esta observación desarrolló un tratamiento para prevenir la viruela y se convirtió en una de los médicos más famosos del mundo.

¿Por qué las granjeras no se contagiaban la viruela?

3077. EL IDIOMA JAPONÉS.

Un hombre de negocios de Los Ángeles se tomó gran trabajo en aprender japonés de una persona nativa de ese lenguaje.

Lo hablaba en forma fluida, su vocabulario y gramática eran excelentes y su acento era bueno.

Cuando más tarde visitó Japón y comenzó a conversar con un grupo de hombres de negocios locales, éstos a duras penas podían contener la sorpresa y diversión ante la forma en que hablaba.

¿Por qué?

3079. EL CASSETTE.

Un hombre fue encontrado muerto en su estudio, caído sobre su escritorio con una pistola en la mano.

Sobre el escritorio había un grabador de cinta.

Cuando la policía entró y lo puso en marcha escuchó: *"No puedo seguir así. No tengo razón para vivir"*.

Luego se oyó el sonido de un disparo.

¿Cómo supo inmediatamente el detective que el hombre había sido asesinado?

3081. HOSPITAL ATAREADO.

El hospital St. James recibe todos los accidentes de tráfico de la ciudad y se mantiene siempre especialmente atareado por la gran cantidad de conductores y pasajeros heridos en las calles.

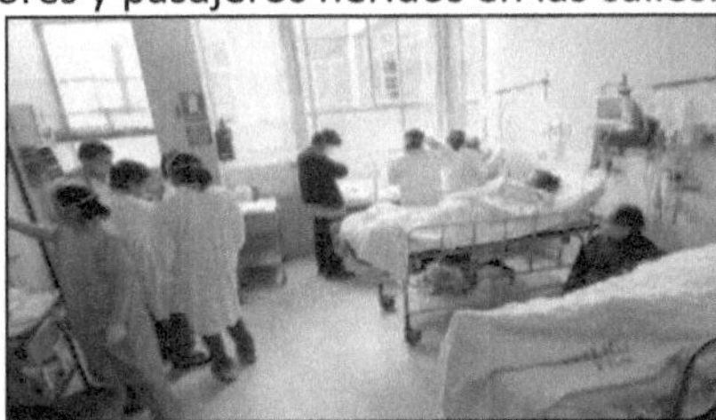

Como medida preventiva se dictó una ley haciendo obligatorio el uso de cinturones de seguridad.

Los conductores y pasajeros comenzaron a usarlos, pero la cantidad de accidentes se mantuvo constante.

Sin embargo, el hospital resultó tener aún más tarea que antes con los accidentados.

¿Por qué?

3083. ICOSAEDRO ESTRELLADO.

¿Con qué nombre se conoce vulgarmente al icosaedro estrellado?

3085. EL AGUJERO.

Se calienta un trozo de hierro macizo en forma de rosquilla.

El diámetro del agujero, ¿aumentará, disminuirá o permanecerá igual?

3087. ¿EL FA<u>LLO</u>?

Cien centímetros equivalen a un metro, así que veinticinco centímetros es un cuarto de metro.

$$100 \text{ cm} = 1 \text{ m}$$

$$25 \text{ cm} = 1/4 \text{ m}$$

Calculando la raíz cuadrada, tenemos entonces que cinco centímetros es medio metro.

¿Qué falla aquí?

3089. ERROR EN CENICIENTA.

En el cuento La Cenicienta hay un grave error lógico.

Lo que ocurre en determinado momento contradice las leyes prescritas por el hada madrina.

¿Cuál es ese grave error?

3091. EL CASTIGO DE LA REINA.

Una reina amazónica decidió castigar del siguiente modo el nacimiento de hijos varones: *"Toda mujer que dé a luz un varón será esterilizada"*.

¿Qué proporción de sexos resultó a partir del cumplimiento de tal ley?

3093. EN COMÚN.

¿Qué tienen en común Leonardo Da Vinci, Jack el Destripador, Gerald Ford, Judy Garland y Harpo Marx?

3095. CHOQUE DE FRENTE.

Dos automóviles exactamente iguales chocan de frente. Te presentamos tres casos:

a) Los dos venían a 40 Km/h cada uno.
b) Uno venía a 60 Km/h y el otro a 20 Km/h.
c) Uno venía a 80 Km/h y el otro estaba detenido.

¿En cuál de los tres casos son peores los daños?
¿O son iguales en todos los casos?

3097. APURADO CON EL CAFÉ.

Tengo que apurarme para tomar el café caliente.
Me gusta con un poco de leche fría.

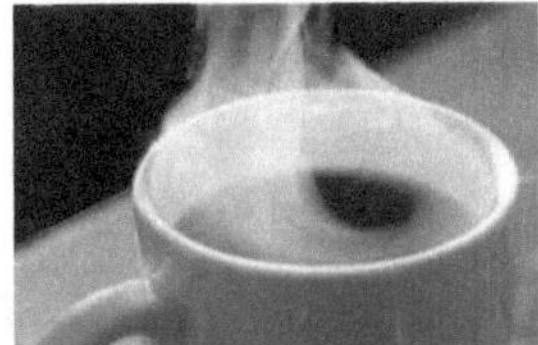

¿Qué hago para que el café se enfríe más rápido: le echo primero la leche y espero 5 minutos, o bien espero 5 minutos y luego le echo la leche?

3099. MÁS DEPRISA.

¿Cuándo te mueves más deprisa con respecto al Sol, de día o de noche?

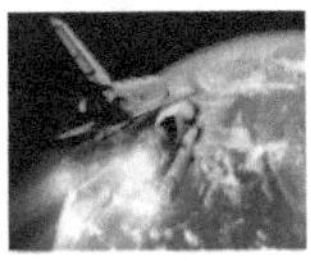

3101. LA TIERRA GIRA.

Juan se encuentra en una nave espacial. Justo debajo tiene el Polo Norte de la Tierra y ve como ésta gira.
¿En qué sentido, horario o antihorario?

3103. EL FLORERO DE MI TÍA.

Mi tía tiene un florero que pesa un número exacto de kilos, entre 1 y 9, ambos incluidos.

Tiene una balanza de dos platillos.

¿Cuál es el menor número de pesas que hay que conseguir para determinar el peso del florero?

¿Cuánto pesarán esas pesas?

3105. EN COMÚN.

¿Qué tenían en común el desaparecido presidente egipcio Anwar el Sadat y Conan el Bárbaro?

3107. CÓMO GANAR DINERO CON FACEBOOK.

Muchos profesionales utilizan actualmente las redes sociales. En todas las grandes empresas saben el modo de usarlas de forma provechosa.

En tres pasos sencillos, existe un método infalible para ganar mucho dinero con Facebook.

¿Sabe Vd. cuáles son estos tres pasos?

3109. SIN TACOS.

¿En qué se convierte un país en el que se prohíben los tacos?

3111. SIN LUZ.

¿Qué pasaría por la noche en una playa nudista si se fuera la luz?

3113. ¡EXPULSADO!

¿Qué pasaría si le expulsan a Vd. de tres universidades?

3115. APLASTADO.

¿Qué es un pájaro aplastado?

3117. DE MATEMÁTICAS.

¿Qué son tres mujeres teniendo la menstruación a la vez?

3119. ARRUINADO.

¿Por qué montó mi vecino, que estaba arruinado, una fábrica de corcho?

3121. INCURABLE.

¿Conoce Vd. alguna enfermedad incurable?

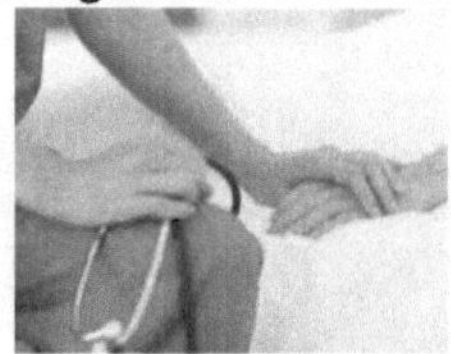

3123. CON MIL PATICAS.

Con mil paticas caminando
tamborileando con los pies.
La gente la ve y corre
y un monstruo no es.

3125.

¿Qué nos deja lo que se aleja?
¿Qué veo cuando no te veo?

3127. EL CIPRÉS VIVE.

Barrio de la paz donde vive el ciprés.
Barrio del jamás adivínalo pues.

3129. LATOSA Y ABURRE.

A veces ligera y mete la pata.
A veces aguda hiere la gata.
A veces latosa y aburre la cosa.
¿Quién esta dama ya vieja ya moza?

3131. CONTIGO EL PÁJARO.

Pájaro cautivo,
pájaro que te dan a guardar.
Tenlo si puedes contigo,
le encanta echarse a volar.
¿De qué se trata?

3133. UNA NO VEO.

Tres camas tengo según creo:
La cama en que amanezco,
el diván en el que a veces cabeceo,
una no veo.
¿Cuál es la que no veo?

3135. BOCA CERRADA.

Viajo silenciosa
la boca cerrada.
Pero guarda voces
mi alma callada.
¿Qué es?

3137. DOS LAGOS Y UN MONTE.

Cerca, muy cerca de ti,
a la altura del horizonte,
dos lagos y un monte.

¿De qué hablamos?

3139. VAYA MONO.

¿Cuál es el mono que te sigue y arremeda?

3141. CON ALAS Y NO VUELA.

No vuela, aunque tiene alas, y casi siempre anda por la montaña.

¿Qué es?

3143. DOBLE, DOBLE Y DOBLE.

Juan, Pedro y Cecilia, van por la calle.

Pedro lleva el doble de dinero que Juan.
Juan lleva el doble de dinero que Cecilia.
Pero, Cecilia lleva el doble de dinero que Pedro.
¿Cuánto dinero lleva cada uno?

3145. ¿QUIÉN FIRMA?

Extraño tu boca, tus dientes, tu lengua, tu aliento.

Atentamente: …

¿Quién firma?

3147. SIEMPRE LO SABE.

¿Cómo se llama la mujer que sabe dónde está su marido todas las noches?

3149. HAY QUE PARAR.

Está Vd. al volante de su coche y circula a velocidad constante.

A su izquierda hay un precipicio.

A su derecha un camión de bomberos que circula exactamente a la misma velocidad que usted.

Delante de Vd. cabalga un cerdo que es más grande que su coche y detrás le sigue un helicóptero a ras de suelo, los dos últimos a la misma velocidad que usted.

¿Qué hace Vd. para pararse?

3151. PÍXEL DEFECTUOSO.

En el siguiente panel, hay escrita una expresión correcta.

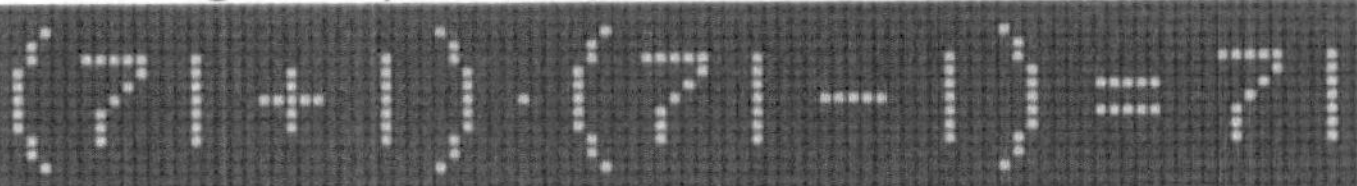

Pero hay un píxel defectuoso, ¿cuál?

3153. EL MÁGICO GALLO NEGRO.

El Barón John Napier sospechaba que uno o varios de los hombres que había contratado algunos meses atrás, para trabajar en su castillo y en los terrenos que le pertenecían, le estaban robando.

Al principio era comida lo que desaparecía, pero luego eran herramientas y utensilios, por lo que el Barón decidió tomar cartas en el asunto y capturar al ladrón.

El Barón ideó un plan bastante ingenioso. Primero tomó su gallo, que era completamente negro, y lo puso dentro de una bodega total-

mente oscura en el granero. Luego, les dijo a sus trabajadores que el gallo era especial porque podía decir si una persona era honesta o no, pero que debía recibir unas palmaditas en el lomo por parte de la persona a la cual se le quería analizar su honestidad.

Así, los trabajadores entraron uno por uno en la bodega y le palmearon la espalda al gallo. Finalmente, el barón puso a los trabajadores en fila y les dijo que le mostraran las palmas de sus manos.

De forma inmediata Napier supo quién era el ladrón.
¿Magia?

3155. ME CONGELO.

Con mi nombre de mujer,
yo de frío me congelo,
cuando me caigo del cielo,
y al monte vengo a caer.
¿De qué se trata?

3157. LA CARTA.

¿Mi amigo Carlos se envía una carta a si mismo todos los días excepto los sábados?
¿Por qué?

3159. SU MUERTE SALVÓ VIDAS.

La muerte de Raquel hizo que se salvaran otras diez.
¿Podría Vd. explicar por qué?

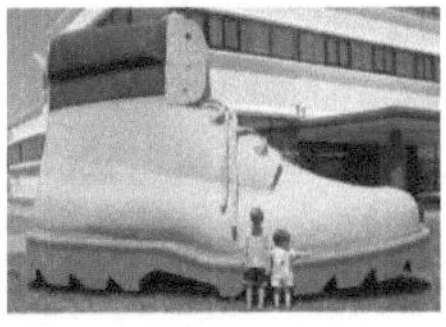

3161. MUY GRANDE.

Lo malo de tenerla tan grande, es que si uso un pantalón muy ajustado, se me nota mucho.
¿A qué me refiero?

3163. OTRA VEZ DESIERTO.

¿Cómo es posible que dos egipcios, para cruzar el desierto, lleven botellas con whisky, vodka y licor en lugar de agua?

3165. NAVIDAD Y AÑO NUEVO.

El día de Navidad del año 2002 cayó en miércoles. Una semana más tarde, el día de Año Nuevo, también cayó en miércoles, ya que la fiesta de Año Nuevo siempre se celebra exactamente siete días después de Navidad.

¿Por qué en 2022 la Navidad y el Año Nuevo caerán en días distintos de la semana?

diciembre de 2002						
lu	ma	mi	ju	vi	sá	do
25	26	27	28	29	30	1
2	3	4	5	6	7	8
9	10	11	12	13	14	15
16	17	18	19	20	21	22
23	24	25	26	27	28	29
30	31	1	2	3	4	5

3167. MÁS QUE UN ADULTO.

¿Qué cosas tiene un bebé en mayor cantidad que un adulto?

Es algo físico que conforme crece el niño, el número de "estas cosas" se reduce.

3169. PALOMAS ENCANTADAS.

El vecino del Barón tenía un criadero de palomas pero no podía controlarlas y se iban a los terrenos de cultivo del Barón y se comían las semillas sin siquiera germinar.

El Barón trató de arreglar la situación de buena manera, dialogando con el dueño de las palomas para que hiciera algo al respecto, pero fue infructuoso.

De esta forma, cansado de la situación, un día el Barón envió un mensaje a su vecino diciéndole que él mismo iba a capturar esas palomas la próxima vez que estuvieran destrozando sus cultivos.

El vecino le respondió: *"son suyas si las puede atrapar"*, convencido que nadie podía capturar una bandada de palomas.

A la mañana siguiente, para sorpresa de todos, el Barón mismo en persona estaba recogiendo las palomas una por una, con sus propias manos, y las iba poniendo en un saco, evidentemente vivas y sin ningún rasguño.

¿Magia?

3171. FALLO EN LA PARTIDA DE DOMINÓ.

¿Qué error se ha cometido en esta partida de dominó?

3173. CRUZANDO LA CIUDAD.

Un ladrón escapa por las terrazas de los edificios, y se encuentra que debe pasar de A a B, tal como se ve en la imagen adjunta (visto desde arriba).

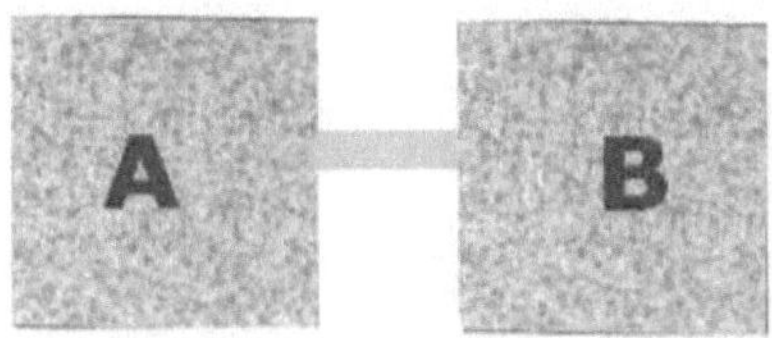

Hay un tablón de 5 metros entre ambos lados, pero está apoyado justo en los bordes de cada edificio, por lo que es peligroso pasar por él.

Su capacidad de salto solo le permite superar unos 4 metros.

¿Consiguió fácilmente pasar de A a B? ¿Cómo?

3175. ECUACIÓN EXTRAÑA.

En la ecuación siguiente, ¿cómo la interpretaría Vd. para que, sin modificar nada, sea cierta?

$$1\% + 200 = 3\%$$

La solución no es considerar el 200 como "2 por ciento (100)" ni análogamente el 1 y el 3.

3177. LA PALABRA.

Me gustan los XXXXXXXXXXXX porque no cambian de idea.

La palabra XXXXXXXXXXXX contiene 12 letras.
¿Qué palabra es?

3179. ¡PELIGRO!

La inactividad sexual es peligrosa.
¿Por qué?

3181. VER EN EL HIPÓDROMO.

Hay estudiantes que les apena ir al hipódromo y ver que...

¿Qué es eso que pueden ver apenados?

3183. VENTILADORES.

¿De qué viven los fabricantes de ventiladores?

3185. QUIEBRA.

¿Cuál es el negocio que está más expuesto a la quiebra?

3187. AVES CAGONAS.

¿Qué aves producen muchísimos excrementos?

3189. DEPORTE PARA INTELIGENTES.

¿Cuál es el deporte que exige más inteligencia?

3191. TIRANOS.

¿De dónde son los habitantes más tiranos del mundo?

3193. MUY LIMPIOS.

¿Cuáles son los hombres más limpios?

3195. CIENTOS DETRÁS.

Tengo un tío, ya jubilado, que ha llevado cientos de mujeres detrás de él.

¿Cuándo cree Vd. que fue eso?

3197. CERRADO, ABIERTO.

¿Qué es lo que está abierto cuando está cerrado, y cerrado cuando está abierto?

3199. VAYA PIEDRA.

La imagen adjunta es real.

La piedra existe, los árboles, el cielo y el barranco también.
No ha habido manipulación con recursos digitales.
Todo está exactamente donde debería estar.
¿Por qué parece tan extraña la piedra?

3201. OBSERVE Y DECIDA.

Si la persona que ama tiembla cuando la abraza...
Si siente sus labios ardientes como las brasas...
Si percibe que se agita al respirar...
Si hay en sus ojos un brillo especial...

¿Qué es lo que Vd. debe hacer?

3203. CONTANDO EL GANADO.

Pedro y Elena están en el campo donde pasta al ganado.

Ambos tienen una correcta visión y observan a un grupo de rumiantes.

Elena ve la misma cantidad de toros que de vacas, mientras que Pedro ve el doble de vacas que de toros.

¿Cómo es posible?

¿Cuántas vacas y cuántos toros hay en el campo?

3205. FAMILIA DISPERSA.

¿Cuál es el animal que tiene a toda la familia dispersa?

3207. LAS CEJAS DEL CABALLO.

¿De qué color tiene las cejas un caballo que sea completamente blanco?

3209. ACERTIJO A LA FRANCESA.

¿Cómo podemos añadir tres a seis y que quede como resultado ocho?

Este acertijo está en un libro de 1925, *"Curiosidades Matemáticas"*, escrito por el librero madrileño, Primitivo Lahoz, muy aficionado a la ciencia en sus ratos libres.

3211. NAPOLEÓN EN EL HOSPITAL.

Visitando Napoleón cierto hospital, conoció a un soldado que había perdido el brazo derecho y le preguntó: *¿Dónde fuiste herido?*
En Austerlitz, Señor.
¿No estás arrepentido de haberte sacrificado?
No señor. Todo lo contrario, es mi honra más grande, y por vos, y por la patria, estoy dispuesto a dar en cualquier momento mi otro brazo.

Y diciendo esto, el joven sacó el sable que llevaba colgado en el cinturón, y se cortó el brazo izquierdo, dando muestra de valentía.
¿Qué encuentra Vd. de extraordinario en esta anécdota?

3213. MILLONARIO TUERTO.

Un millonario pagó la suma de medio millón de euros, para quien se atreviera a dejarle tuerto.
¿Por qué?

3215. MUY CANSADO.

A un señor que va caminando y se siente cansado, ¿qué la aconsejaría usted tomar, para recuperar su energía?

3217. ANTES Y DESPUÉS.

¿Qué es lo que se come corrientemente antes de nacer y después de muerto?

3219. SIN DEDOS.

¿Cuál es la mano que no tiene dedos?

3221. EN SU BOLSILLO.

¿Qué animal lleva en el bolsillo su tesoro?

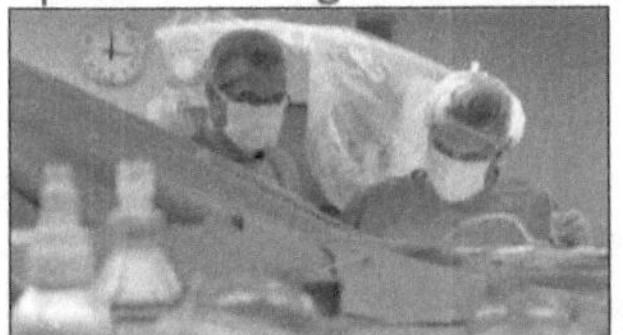

3223. EN EL QUIRÓFANO.

En el quirófano en el que están el cirujano, el paciente a operar y un enfermero sordo se produce la siguiente conversación:

Cirujano: Tranquilo Miguel, solo es un pequeño corte, no te pongas nervioso.

Paciente: Yo no me llamo Miguel.

Ambos tienen razón y las frases tienen sentido.

¿Puede Vd. explicarlo?

3225. UN DOLOR AGUDO.

Un hombre estaba contando algo cuando desafortunadamente perdió la cuenta.

Un rato después sufrió un agudo dolor en la espalda.
¿Por qué?

3227. LE ODIAMOS.

¿Cuál es el ser que a pesar de llevar nuestra sangre le odiamos tanto que si se pusiera a nuestro alcance lo mataríamos?

3229. SI NO TAMBIÉN.

Si te lo digo lo sabes, si no te lo digo también.

¿Qué es?

3231. CON MUCHA ATENCIÓN.

Nicanor tenía un barco
y con él surcaba el río;
¿era este un barco pequeño
o este era un gran navío?
Lea con mucha atención
y hallará la solución.

3233. EL DETALLE QUE FALTA.

Añada a cada uno de los números adjuntos un signo (el mismo en todos los casos) con el fin de llegar a tener una secuencia muy conocida.

11, 22 34, 48

3235. MEDIDAS ADECUADAS.

¿Qué número debe ir en el lugar de la incógnita que representa la altura del prisma?

3237. EL PAPA NUNCA.

¿Qué es lo que un hombre común hace muchas veces en un día, un rey lo hace raras veces y un Papa no lo hace nunca?

3239. TRES DOMINGOS PARES.

En un mismo mes, tres domingos han caído en días pares.

EL DÍA 20

¿Qué día de la semana ha sido el día 20 de ese mes?

3241. LA SUMA EXTRAÑA.

En la siguiente suma cada signo de interrogación representa un símbolo que debe Vd. encontrar.

MIL + MIL = ???????

3243. CAREZCO DE PIES.

El peso en mi vientre,
árboles es mi parte posterior,

clavos en mis costillas,
carezco de pies.

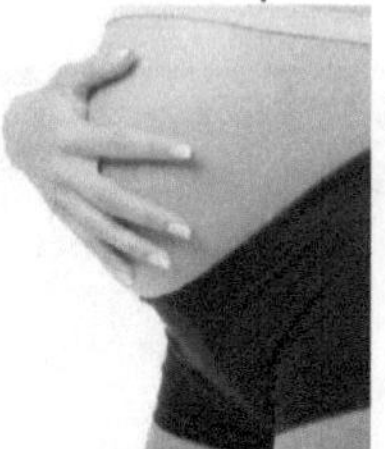

¿De qué se trata?

3245. SE AMARRA Y SE SUELTA.

¿Cuando se amarra se va y cuando se suelta se queda?

¿Qué es?

3247. NO ES MÚSICO.

Toca en todas las bandas y no es músico.

¿Qué cosa es?

3249. EL PRODUCTO.

La suma de las cifras de un número de 15 cifras es 14.

¿Qué valor tiene el producto de sus cifras?

3251. BÍGAMO.

¿Qué animal es bígamo por sus pies?

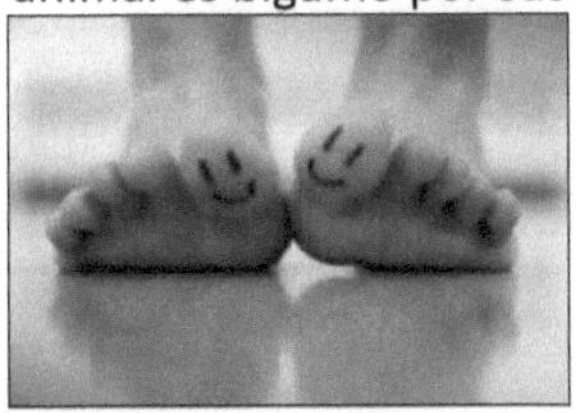

3253. PRIMER DISEÑADOR.

¿Quién fue el primer diseñador de la historia?

3255. EL MATEMÁTICO Y LA CARTA.

¿Qué hace un matemático si le cuesta 25 céntimos mandar una carta y sólo tiene sellos de 35 y 10 céntimos?

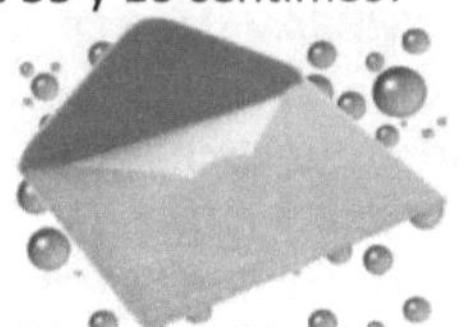

3257. BEBIDA POPULAR.

¿Los habitantes de qué país sueñan con ser igual que una popular bebida?

3259. ENORMES PUERTAS.

¿Por qué las puertas de los grandes templos son tan altas?

3261. MOSCAS PESADAS.

¿Por qué las moscas son tan pesadas?

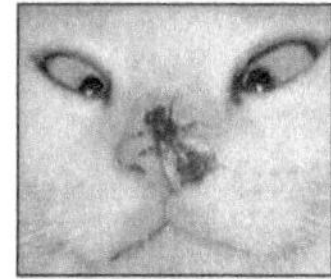

3263. LAS 17 BOLAS.

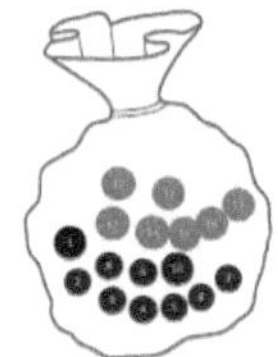

En una bolsa tenemos 17 bolas numeradas de 1 al 17. Si elegimos al azar algunas de ellas, ¿cuál es el menor número de bolas que debemos elegir para garantizar que la selección contiene al menos un par de bolas cuyos números sumen 18?

3265. COMPRAVENTA DE COCHES.

Andrés se dedica a la compraventa de coches de segunda mano. En una operación compra dos coches y los vende, ambos, por 9999 € cada uno. En uno de ellos ha ganado el 10% y en el otro ha perdido el 10%.

¿Cómo le ha ido la operación?

3267. CON MALETÍN COLORADO.

Con el maletín colorado va al colegio muy afanado.
Tal vez no llegue pues va de lado.

3269. ¿QUÉ LE FALTA?

Si una mujer, en las redes sociales, tiene 1000 "Me gusta" y 500 comentarios sobre una foto, ¿qué le falta?

3271. ASOMADOS.

Dos niños asomaditos, cada uno a su ventana, lo ven y lo cuentan todo, sin decir una palabra.

¿De qué se trata?

3273. EL PAPA NUNCA.

¿Qué es lo que un hombre común hace muchas veces en un día, un rey hace raras veces y un Papa no hace nunca?

3275. EL TREN Y EL TÚNEL.

¿Cuánto tarda un tren de 1 km de largo en atravesar un túnel de 1 km de longitud, si va a una velocidad de 1 km por minuto?

3277. EN LA IZQUIERDA.

¿Qué llevaba Colón en su mano izquierda cuando desembarcó en Cuba?

3279. PARECE LA MISMA.

¿Cuándo un reloj de campana, al dar tres horas distintas, parece que da la misma?

3281. LA PUERTA DEL CAPITOLIO.

¿Qué requisito indispensable se exige el día 20 de mayo de cada año para abrir la puerta principal del Capitolio?

3283. UNA HERMANA.

Existe un matrimonio que tiene 6 hijos y una hija. ¿Cuántos hijos más harán falta para que cada hijo tenga una hermana?

3285. EL PERRO.

¿Cuál es el perro que no muerde y por eso lo muerden?

3287. EN LOS OJOS.

¿A qué hay que meterle los dedos en los ojos para que abra las patas?

3289. POR SUERTE MURIERON.

Beulah murió en los montes Apalaches, mientras que Craig murió en el mar.

Todo el mundo era mucho más feliz con la muerte de Craig.

¿Por qué?

3291. DOS NOTARIOS.

¿En qué caso es necesario para el otorgamiento de un testamento, que actúen dos notarios?

3293. DE PERCUSIÓN.

¿Qué instrumento musical de percusión suele encontrarse en la cocina?

3295. VAYA MERCANCÍA.

Un comerciante compraba a 8 la mercancía y la vendía a 7, ganándole dinero.

¿Cómo podría ser posible esto?

3297. LOS 10 ENUNCIADOS.

Determine Vd. la veracidad o falsedad de cada uno de los diez enunciados siguientes:

1. Exactamente uno de los enunciados de esta lista es falso.
2. Exactamente dos de los enunciados son falsos.
3. Exactamente tres de los enunciados son falsos.

4. Exactamente cuatro de los enunciados son falsos.
5. Exactamente cinco de los enunciados son falsos.
6. Exactamente seis de los enunciados son falsos.
7. Exactamente siete de los enunciados son falsos.
8. Exactamente ocho de los enunciados son falsos.
9. Exactamente nueve de los enunciados son falsos.
10. Exactamente diez de los enunciados son falsos.

3299. POLLOS.

Usted tiene 375 pollos en su granja y sacrifica uno cada día del año.

¿Cuántos le quedan al terminar el año?

3301. ELEGANTE.

¿Cuál es el árbol más elegante de Cuba?

3303. RACIONALISMO.

Había cuatro fantasmas en el jardín.
Uno se fue volando.

¿Cuántos quedaron?

3305. PÁJAROS QUE VAN Y VIENEN.

En una rama hecha de nada y tiempo
siete pájaros vuelan y siete los reemplazan al momento.

3307. EN UN PATIO.

¿Qué puede hacer un pato con una sola pata en un patio?

3309. DE VIAJE.

¿Cuántas personas viajarán en un autobús municipal si pueden ir 28 sentados y 21 de pie?

3311. CUÁNTO DURMIÓ.

Un profesor puso el reloj para levantarse a las 8:00 y se levantó a las 7:00.

¿Cuántas horas durmió?

3313. RONCA.

¿Quién es el que ronca de los dos en una pareja que duerme en la misma cama?

3315. LE DAN Y LE DAN.

Para que entre en su casa le dan, le dan y le dan en la cabeza.

¿Cuál es el chiquillo de vida tan tensa?

3317. EN EL BOCADILLO.

Cierto día llegó un afamado mago, que hacia trabajos fantásticos. En uno de sus actos le pidió el reloj a un espectador y ante el asombro del público lo machucó con un martillo, luego mandó a buscar un bocadillo a la cafetería y...

¿Qué cree usted que venía dentro del bocadillo?

3319. BILLETES DE UN DÓLAR.

¿Por qué el miembro de una banda de música siempre insistía en cobrar solamente en billetes de un dólar?

(Es un hecho real y de un músico conocido)

3321. VEMOS Y NO VEMOS.

¿Qué es lo que vemos cuando le sucede a otro, pero no cuando nos sucede a nosotros?

3323. LOS TROFEOS.

Carlos tiene una enorme cantidad de trofeos deportivos. Sin embargo, no es deportista, ni ha destacado en competiciones.

¿Cómo se explica?

Pistas: Los trofeos no son un regalo ni una herencia y tampoco es dirigente de un equipo.

3325. TERRORÍFICO.

María tiene un miedo atroz a los ratones, da igual que estén vivos que muertos.

Ayer, su gato vino con un ratón en la boca y lo dejó caer cerca de sus pies.

En vez de gritar asustada, con tranquilidad lo cogió y lo tiró al cubo de la basura.

¿Cómo tuvo valor para ello?

3327. ¿LLEGARÁ A SU HORA?

Hoy tuve que coger el tren justamente a las 12:05.

Cuando me quedaban 2 minutos para llegar a la estación, vi que las agujas del reloj coincidían superpuestas entre el 1 y el 2.

¿Llegué a tiempo a cogerlo?

3329. CONTAR AMIGOS.

¿Por qué a los amigos hay que contarlos dos veces?

3331. RESIDENTES DEL BARRIO.

En una calle de Valladolid viven las siguientes personas:
En el número 9: Inés Soler.

En el 11: Pedro Osorio.
En el 13: Jaime Ezquerdo.
En el 14: Javier Reboredo.

¿En qué numero vive Isabel?
¿Cuál es su apellido: Romero, Sánchez, Lázaro o Hernández?

3333. SE SECA.

¿Qué es lo que se seca con agua?

3335. CUARTA MENTIRA.

María y Elena charlan tranquilamente.

Elena, ¿sabes que solo he mentido tres veces en mi vida?

Pues, esta es tu cuarta mentira.

La contestación de Elena, ¿es verdadera o falsa?

3337. SECUENCIA DE LETRAS.

¿Qué orden rige la siguiente secuencia de letras?

A, B, I, J, L, O, P, Q, R, U, Y

3339. LA SERIE DESORDENADA.

Mueva Vd. una sola letra de sitio para conseguir que quede una secuencia lógica.

J V W X U Z

3341. MENTIROSA VECINA.

Mi extravagante vecina Raquel siempre miente los lunes, los martes y los miércoles.

Dice la verdad el resto de los días de la semana.

¿Qué día de la semana pudo haber dicho: *"Mentí ayer y mentiré mañana"*?

3343. REFRÁN DE LOS POBRES.

Según un refrán, ¿cuál es la comida de los pobres?

3345. TATUAJE CARIÑOSO.

Un joven le dice a su novia: *Te quiero tanto que me he tatuado tu nombre en mi nalga derecha.*

¿En serio? ¿Me dejas verlo? Dijo ella.

Claro, mira. Bajándose discretamente el pantalón para mostrar parte de esa nalga.

¡Vaya! Exclamó ella muy desilusionada.

¿A qué es debida la desilusión de la chica?

3347. LO DAMOS.

¿Qué es lo que damos y no tenemos, y sin querer lo damos?

3349. A MEJORAR EL CANTO.

Mi amiga Sara quería mejorar su manera de cantar.

Fue a la biblioteca municipal y se llevó un libro en cuyo lomo podía leerse *"Aprender a Cantar".*

Tras abrirlo y ver su contenido, se llevó una gran decepción, ya que no le ayudó nada en sus intenciones.
¿Por qué?

3351. ¿DESPERTADOR ROTO?

Creía que mi despertador se había averiado ya que tras dar las 9 menos 5 un minuto después dio las 9 menos 4.

Dos minutos después dio otra vez las 9 menos 4 y un minuto después de nuevo las 9 menos 5.

A las 9 en punto descubrí lo que le pasaba.
¿Qué cree Vd. que le podía pasar?

3353. ¿DÓNDE VIVE EL PERRO?

Las tres frases siguientes son verdaderas:

En una de las dos casas de la imagen vive un perro.
En la de la izquierda no vive.
En la de la derecha tampoco vive.
¿Dónde vive el perro?

3355. MUCHAS PERSONAS.

En una mesa se sentaron a comer un hombre y su esposa, un padre y su hijo, un hijo y sus padres, dos madres y dos hijos, una madre y su hija, una abuela y su nieto, una suegra y su yerno.

¿Cuál es el menor número posible de personas que se sentaron a la mesa?

3357. BAUTIZO PROBLEMÁTICO.

En la Iglesia, durante el bautizo de su hija, Juan tiró al cura al suelo de forma repentina y lo golpeó varias veces.

¿Por qué?

3359. ES RUBIO.

Baila al son del viento.
Rubio muchacho en continuo movimiento.

¿Qué es?

3361. LOS HIJOS.

¿Qué animal alcanza mayor tamaño, el hijo de una mula, o el hijo de una gata?

3363. NUNCA VERLO.

Aunque siempre lo tenemos delante, nunca lo podemos ver.

¿Qué es?

3365. EN BOTÁNICA.

¿Cuál es la planta sobre la que se detienen mucho más tiempo los estudiantes de botánica?

3367. DE SU HIJO.

¿Cuál es el animal que después de muerto, adquiere el nombre de su hijo?

3369. TRES OJOS.

Tres ojos tiene y nunca mira por los tres.
Si te para en la esquina pon el freno sé cortés.

3371. IMPRESCINDIBLE.

¿Qué es lo más imprescindible para un cirujano que ha de realizar una operación?

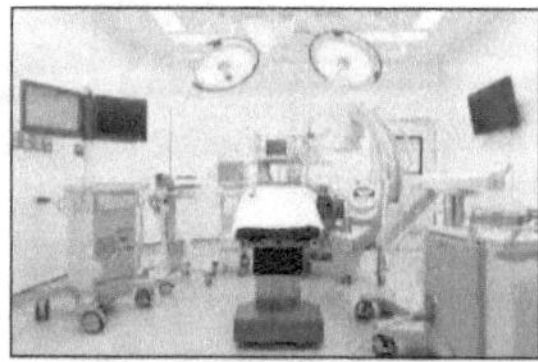

3373. EL INVENTOR DE "NADA".

Un tal H.G. decidió añadir "nada" a cierto tipo de alimento, y consiguió con ello un gran éxito comercial.

Le muestro una fotografía del tal H.G.

¿Qué inventó y cuál es el nombre completo de H.G.?

3375. DE ARRIBA ABAJO.

¿Qué obrero comienza sus obras de arriba hacia abajo?

3377. A ESPERAR.

¿Quién tiene que esperar que otro coma para poder comer?

3379. ROLLIZO Y SANO.

Tal vez tú conozcas a este pequeño hermano. Cuando abres la guayaba lo encuentras rollizo y sano.

3381. ¿ACCIDENTE?

Elisa y Rubén se casaron el domingo 6 de enero, el lunes 7 de enero Rubén se fue para el cementerio y Elisa para el hospital.

¿Qué ocurrió?

3383. PROBLEMA DE CAMISETAS.

Maruja compró dos camisetas de la misma forma, diseño y color, pero de diferentes tallas, ya que una era para ella misma y la otra para su hija Susana de 9 años.

Al probárselas se ajustaban perfectamente cada una a sus respectivas portadoras.

Días después, Maruja, vio a su hija Susana con la camiseta puesta, que le ajustaba perfectamente, mientras ésta jugaba distraídamente con muñecas.

Enseguida supo, que la camiseta que llevaba Susana era la grande que había encogido en la lavadora.

¿Cómo lo supo?

3385. APUESTA EN EL AEROPUERTO.

Antonio y Benito hacen una apuesta en el interior del aeropuerto, en el pasillo que tiene una cinta mecánica funcionando.

Hacen el mismo recorrido; Antonio por dentro de la cinta, Benito por fuera de ella y vuelven al inicio siempre caminando a la misma velocidad.

¿Quién ganará?

3387. EL TRIGO.

¿En qué palabra del Padre Nuestro se siembra el trigo?

3389. EL REY.

¿Cuál es el rey sometido al destino que en carroza de oro madruga al camino?

3391. MUECAS.

¿En qué mes hacen menos muecas todos los monos?

3393. LAS EDADES

Ayer escuché la siguiente conversación entre dos personas:

A: Soy más joven que tú.

B: Yo tengo 32 años.

A: Pues, yo tengo 34 años.

Si las dos personas decían la verdad y la conversación no tenía nada que ver con años bisiestos, ¿cómo se explica?

3395. ¿QUE LE PASA AL GATO?

¿A Vd. qué le parece? ¿Está borracho? ¿Está mareado? ¿Está cojo? ¿Está cansado?

3397. ROJO Y BLANCO.

Francia y Portugal se enfrentaron en una de las semifinales del mundial de fútbol de 2006.

Portugal, utilizó su habitual camiseta roja, pero Francia, que suele llevarla azul, en esta ocasión vistió de blanco.

¿Por qué?

3399. EL PUENTE.

Hay un puente de colores
por el que no pasa la gente.
Es bello cual las flores
y se borra de repente.

LAS SOLUCIONES

1601. El único cuyo color puede determinarse es C. Si el sello de C fuera rojo, B habría sabido que su sello no era rojo al pensar: "Si mi sello fuera también rojo. A, al ver dos sellos rojos, sabría que su sello no es rojo. Pero A no sabe que su sello no es rojo. Por consiguiente, mi sello no puede ser rojo". Esto demuestra que si el sello de C fuera rojo, B habría sabido que su sello no era rojo. Pero B no sabía que su sello no era rojo; así que el sello de C no puede ser rojo.

El mismo razonamiento sustituyendo la palabra rojo por amarillo demuestra que el sello de C tampoco puede ser amarillo. Por tanto, el sello de C debe ser verde.

1603. Andrés y Carlos mienten; Benito dice la verdad.

1605. Los pasos a modo indicativo pueden ser:

8 L	5 L	3 L
8	0	0
5	0	3
2	3	3
2	5	1
7	0	1
7	1	0
4	1	3
4	4	0

8 L	3 L	5 L
8	0	0
3	0	5
3	3	2
6	0	2
6	2	0
1	2	5
1	3	4
4	0	4

Como Poncelet, siendo niño, lo resolvió muy fácilmente, creyó tener gran aptitud para las matemáticas y desde entonces se dedicó a su estudio.

1607. Una pregunta interesante sería: "¿Vas a responder que no a mi pregunta?".

El vago de Coz caerá en segura contradicción.

1609. Las nueve de la noche.

Como entre la una de la madrugada y la una de la tarde hay doce horas, la mitad de tiempo son seis horas. La hora tomada como referencia son las siete de la tarde. Si hace dos horas eran las siete, ahora son las nueve.

1611. La distancia inicial es totalmente irrelevante.

Mucha gente se despista, creyendo necesario considerar las posiciones iniciales y haciendo transcurrir el tiempo.

La solución, casi trivial, consiste en darse cuenta de que si las naves se aproximan a razón de 20 kilómetros por minuto, un minuto antes del encuentro estarán separadas 20 kilómetros.

1613. El mismo y gran ajedrecista Steinitz. Reinó entre los años 1866 y 1894 (ya veterano fue destronado por Emanuel Lasker), tenía de sí mismo una muy alta estima.

1615. Es el ingeniero ruso "Zworykin, Vladimir".

Es la última acepción de la Enciclopedia Salvat.

1617. Tres soldaduras. Abrimos los 3 eslabones de uno de los trozos, y con ellos unimos los cuatro trozos restantes.

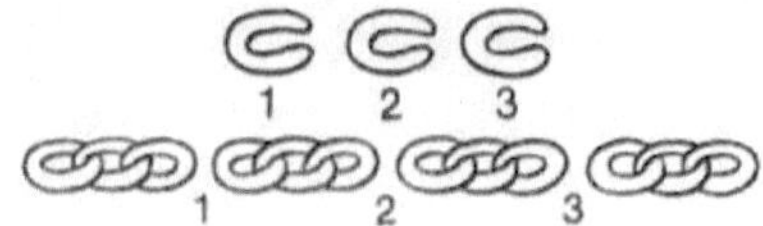

1619. Más pesado.

1621. *Manolo:* Pues, que he tenido que vender el coche para poder pagarle.

1623. No. La rotación lunar está sincronizada con su revolución alrededor de la Tierra; por eso sólo vemos siempre una misma cara de nuestro satélite. Un observador en la Luna verá a la Tierra colocada siempre en el mismo punto del cielo, y la verá rotar, mostrando ambos hemisferios.

1625. Tres bolas en cada taza. El tercer cartel dice la verdad.

1627. Cuanto más deprisa corra el río, más tardará en realizar el recorrido de ida y vuelta.

El efecto de retraso al remar contra el río dura más tiempo que el efecto de avance al remar a su favor.

1629. El camionero está equivocado. El peso de una caja cerrada que contenga un pájaro es la suma de los dos, excepto cuando el ave está en el aire y se mueve de manera que la componente vertical del movimiento sea acelerada. Una aceleración hacia abajo reduce el peso del sistema; una aceleración hacia arriba lo aumenta. Si el pájaro cae libremente, el peso del sistema disminuye en una cantidad igual al del ave. En el vuelo horizontal, mantenido a base de batir las alas, alternan las aceleraciones hacia arriba y hacia abajo. Doscientas palomas volando al azar dentro de la caja del camión provocarán pequeñas y rápidas fluctuaciones en el peso, pero el peso total del sistema permanecerá virtualmente constante.

1631. Se puede eludir el jaque durante tanto tiempo como se quiera. Basta dirigir el rey hacia el centro del tablero, ocupando siempre casillas de distinto color a las del caballo. El color de las casillas ocupadas por el caballo va cambiando a cada salto, y, por tanto, si rey y caballo ocupan colores distintos, ningún salto del caballo pondrá al rey a su alcance. El único peligro reside en quedar encajonado en un rincón, donde puede ser forzoso mover en diagonal, y sufrir jaque en la jugada siguiente.

1633. En las llenas.

1635. Una adivinanza.

1637. En principio, la velocidad del tren es la misma que la de su sombra. Pero si tenemos en cuenta que la sombra de un objeto estático avanza de Oeste a Este, hemos de inferir que la sombra del tren viajará más despacio cuando el tren avance hacia el Oeste, pero más deprisa cuando el tren viaje hacia el Este.

Ya que Barcelona está al Este de Zaragoza, la sombra viaja más deprisa.

1639. Un huevo no puede estar sano y roto al mismo tiempo.

Por lo tanto, la probabilidad es igual a cero.

1641. Pruebe y verá que sí.

1643. El escarabajo.

1645. Sí es posible.

1647. El día y la noche.

1649. Consiga dos cuerdas, y haga en cada una de ellas dos nudos. Ahora átelas juntas. ¿Cuántos nudos tiene el resultado?

1651. El café.

1653. El número π .

1655.

1. Abra el frigorífico. Meta el elefante. Cierre el frigorífico.
2. Abra el frigorífico. Saque el elefante. Meta la cebra. Cierre el frigorífico.
3. La cebra, está dentro del frigorífico.
4. Nadando. Los cocodrilos están en la ceremonia de la boda del león.

1657.

999999999999999999999999999999999999999999999999999999
999999999999999999999999999999999999999999999999999999
999999999999999999999999999999999999999999999999999999
999999999999999999999999999999999999999999999999999999
9999999999999999999999**8**99999999999999999999999999999999
999999999999999999999999999999999999999999999999999999
999999999999999999999999999999999999999999999999999999
999999999999999999999999999999999999999999999999999999
99999999999999999999999999999999999999999.

1659.

QQQQQQQQQQQQQQQQQQQQQQQQQQQQQQQ
QQQQQQQQQQQQQQQQQQQQQQQQQQQQQQ
QQQQQQQQQQQQQQQQQQQQQQQQQQQQQQ
QQQQQQQQQQQQQQQQQQQQQQQQQQQQ**O**Q
QQQQQQQQQQQQQQQQQQQQQQQQQQQQQQ
QQQQQQQQQQQQQQQQQQQQQQQQQQQQQQ
QQQQQQQQQQQQQQQQQQQQQQQQQQQQQQ
QQQQQQQQQQQQQQQQQQQQQQQQQQQQQQ
QQQQQQQQQQQQQQQQQQQQQQQQQQQQQQ
QQQQQQQQQQQQQQQQQQQQQQQQQQQQQ
QQQQQQQQQQQQQQQQQQQQQQQQQQQQQQ

1661. Es una camiseta erótico-matemática. Combinación nunca vista. Representa el número 68+1.

1663. En 240 ptas. En efecto, lo mejor es abrir los cuatro eslabones de uno de los trozos, y con ellos unir los cinco restantes.

1665. Tres.

1667. Lo que hizo cada uno de los componentes de la familia Castro fue:
El padre: 1 y 2. La madre: 1, 2 y 3.
Roberto: 1. Adán: 2 y 3. Juan: 3.
Lola: 2. Isabel: 1 y 3.

1669. Puesto que todas las afirmaciones se contradicen, tres de ellas deben ser falsas. Por lo tanto la declaración número tres es verdadera y las otras son falsas.

1671. Es posible. En el Casino, jugando a la ruleta, se puede perder todo lo que se lleve.

1673. Lo tiraron del piso 14. El edificio tiene 17 pisos.

1675. Número de letras de cada número:
TRES + OCHO = ???
4 + 4 = 8. La respuesta puede ser OCHO.
Otra solución: Según la 1ª: OCHO = UNO + SIETE.
Así: TRES + OCHO = TRES + UNO + SIETE = DOCE.

   Moraleja: Mezclada con literatura la matemática deja de ser exacta.

1677. Sean A, B, C y D los equipos.
Los resultados de los partidos fueron:
A-B (1-0).   A-C (1-0).   A-D (1-0).
B-C (1-0).   B-D (2-1).   C-D (3-2).
Así, A ganó tres partidos, B ganó dos, C ganó uno y D no ganó ninguno. Cada equipo marcó tres goles.

1679. Forman 218 soldados. Como en filas de 2 no se desfila, y 109 es primo, está justificado el "sin remedio".

1681. Juntando un par de gotas de agua el resultado es solo una.

1683. Seis tiros acertados y 10 fallidos.
Solución en verso de José Nieto:
Nos dice la docta ciencia,
usando el rigor más puro,
que tres aciertos a duro,
a cinco fallos compensan.
Si multiplicáis por dos,
sin dificultad veréis,
que si fueron dieciséis,
los disparos realizados,
seis debió haber acertado,

aquel tirador famoso,

para irse, si no airoso,

con su caudal no mermado.

1685. El ornitorrinco.

1687. B-C-D-A.

1689. Lo alcanzaría a los 300 metros. Luego, se salva.

1691. Supongamos que, por ejemplo, la primera caja tiene etiqueta de "bolis", la segunda "grapas" y la tercera "lápices".

Si el empleado abre la primera caja, "boli" y ve que contiene grapas, ya sabe que la segunda, con la etiqueta "grapas", es la de los lápices y la tercera, con la etiqueta "lápices" es la de los bolis, pues todas las etiquetas estaban erróneamente colocadas.

1693. Se trataba de un "auto cine", donde los espectadores permanecen dentro de sus coches durante la proyección.

1695. Nueve. La Matemática es una ciencia fría, sin sentimientos.

1697. Hoy es jueves. Tiene que ser uno de los días en los que mienten. Sábado no puede ser porque estaría diciendo la verdad en la primera respuesta.

Martes tampoco porque estaría diciendo la verdad en la segunda.

1699. El reflejo de la matrícula en el retrovisor sería "MOVE-IT", algo así como "Quita del medio", es decir, nos estarían metiendo prisa.

Desde cada vértice A se pueden hacer tres aes diferentes: 9.

Desde cada vértice B se pueden hacer tres aes diferentes: 18.

Desde cada vértice C se pueden hacer tres aes diferentes: 9.

Desde cada D se puede hacer una letra más: 3.

Total: 9+18+9+3 = 39.

1701. Nada.

1703. Es esta: *"La diferencia entre Dios y el diablo está en las mujeres. Al diablo le gustan muy malas y adiós, muy buenas"*.

1705. Las cinco. Las cinco y cinco.

1707. *Paco al taxista:* ¿Cuánto me cobra hasta el aeropuerto?

Taxista: 70 euros. *Paco:* ¿Y con mi mujer?

Taxista: Lo mismo.   *Paco:* ¡Lo ves! ¡No vales nada!

1709. La manguera.

1711. La calle.

1713. Cervantes (en español): La letra V es la única cuya posición (23) es un número que empieza por ella misma. El número 5 es el único que tiene 5 letras.

Shakespeare (en inglés): La letra T es la única cuya posición (20) es un número que empieza por ella misma. El número 4 (four) es el único que tiene 4 letras.

1715. Si tocamos todos los focos de forma sucesiva, al final quedarán todos apagados.

Con 20, 60 o 100 (nº par) habría que hacer lo mismo.

Con 11, 33 o 99 (nº de focos impar) no es posible apagarlos todos.

1717. Tomás era un caballo de carreras. Su jinete fue el que recibió los honores.

1719. Si necesita encender dos lámparas es porque las gafas solamente transmiten la mitad de la luz que reciben. Así, para mirarse los ojos en un espejo, la luz que sale de las lámparas atravesará las lentes iluminando los ojos con la mitad de intensidad, atravesará las lentes por segunda vez llegando al espejo con la cuarta parte de la intensidad, donde rebotará para atravesar las lentes por tercera vez y la imagen se formará en la retina con una octava parte de la intensidad inicial. Luego, necesita encender ocho lámparas.

1721. Paalo, palo, palo,

palo palito, paloé,

e,e,e,

palo palito paloé

1723. Cuatro gatos.

1725. Todos tienen partes inusualmente largas en su cuerpo.

1727. El eco.

1729. Uno.

1731. La del clavo.

1733. De ninguno, las serpientes no usan zapatos.

1735. Para sujetarse los pantalones.

1737. El suelo.

1739. Dormir de día.

1741. El calendario.

1743. Porque no tienen bolsillos.

1745. Un agujero.

1747. El joven es el repartidor de pizzas. La hawaiana es la pizza. La misión consiste en entregar la pizza a domicilio en media hora.

1749. Están sosteniendo la Torre de Pisa. Los turistas suelen hacerse fotos con esa postura. Observe:

1751. La niña acababa de recuperar la vista tras una operación.

1753.

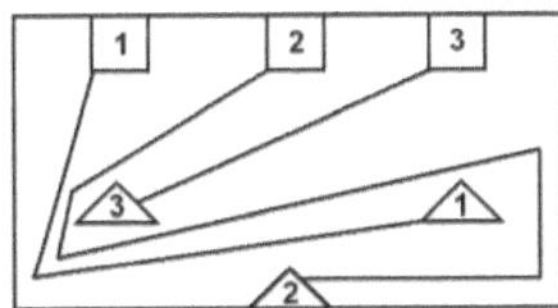

1755. El un tarro una bola blanca y en el otro las 99 restantes.

1757. Es completamente lícito para una católica evitar el embarazo recurriendo a las matemáticas, aunque todavía está prohibido recurrir a la física o a la química. [Henry-Louis Mencken (1880-1956) Periodista y escritor estadounidense]

Corrección: La doctrina católica permite la utilización de métodos naturales, entre ellos están, además del ogino, la temperatura basal, la dureza de los pechos, la densidad del moco vaginal (todos ellos físicos), e incluso los métodos químicos que analizan la presencia de ciertas hormonas.

En otras palabras y para entendernos mejor, lo que no permite la Iglesia Católica es utilizar métodos que impidan activamente la fecundación o que provoquen un aborto (que es el efecto secundario de todas las píldoras anovulatorias), pero los que van encaminados a mantener relaciones sexuales en periodos en que la mujer es infértil están permitidos.

1759. El delito era suicidarse.

1761. Un oso no se contentaba con beber unos tragos de agua. Se daba un baño, a la vez que ponía en evidencia el principio de Arquímedes de una manera prodigiosa.

Vea las escenas de ese intruso hedonista.

1763. Sara, veía desde su casa como hacían tatuajes.

1765. Pesa menos el huevo con pollito. En el proceso de desarrollo se pierde agua que sale por los poros de la cáscara.

1767. Se suele hacer de noche.

1769. Calderón. Escribió "la vida es sueño".

1771. Sí. Pero algunas se pintan tan mal, que tienen más salud en una mejilla que en la otra.

1773. El precio.

1775. Depende del programa.

1777. La lengua.

1779. Como Vd. comprenderá, yo la ignoro.

1781. El día de su nacimiento.

1783. La leche materna. Por su sabor, su envase y su presentación.

1785. Juez. Un juez cuando no va de auto en auto va de diligencia en diligencia. Rara es la vez que va a pie.

1787. La falta de puestos de trabajo.

1789. Cómase un pobre.

1791. Porque les sale de las narices.

1793. A gritos, como en todos los sitios.

1795. El maíz.

1797. Griega.

1799. Los lectores que contestaron "Imposible. No hay manera", resolvieron el acertijo, ya que esa es la frase que da una vuelta completa por el planeta.

1801. 10º.

1803. 11 meses. Todos excepto febrero.

1805. El que vende Asunción, que ni es blanco ni es tinto ni tiene color. También: "Vino mi suegra".

1807. Es cierto. Se bebe el litro de cerveza en el segundo piso, donde vive.

1809. El fuelle.

1811. Porque hablan todos "a-la-ves".

1813. Por lo menos, cuando vas por la calle te saludan.

1815. El calvo.

1817. El cuerpo de bomberos.

1819. Pelándolas debajo del agua.

1821. Envejecer.

1823. Josué (personaje bíblico). Detuvo nada menos que al Sol.

1825. Ninguno, porque ninguno de los dos habla.

1827. El astronauta Miguel López Alegría.

1829. Por si salen mal las cosas, para no dejar huellas, porque la cara ya la llevan tapada.

1831. Sí. El futuro fenomenal que tendrán ellos si se lo montan bien.

1833. No es Salvatore Adamo. Su canción era "Mis manos en tu cintura".

1835. Rompiéndolo, se cuentan los añicos.

1837. EL MANCO.

1839. Las de los relojes de los tripulantes, lo demás son cabos.

1841. El ciego. Repite una y otra vez: "Si yo viera, si yo viera...".

1843. Los de hace 50 años, están ya sin dientes, calvos, etc.

1845. Encontrar uno que le parezca caro a sus amigas y barato a su marido.

1847. Dos, uno por cada cara.

1849. El acordeón.

1851. Nunca, pues el primero va más deprisa.

1853. Da igual. No va a poder venir.

1855. El bacalao.

1857. La peonza.

1859. El cangrejo.

1861. Porque tiene bollos por todos los lados.

1863. El can-can.

1865. El padre no trabajaba y las cuatro hijas le mantenían.

1867. Me levanté a las 7:10 que en digital y dado la vuelta se lee "OIL", aceite en inglés. Cinco minutos antes es 7:05, "SOL" al girar, una hora "muy natural" para levantarse.

1869. 27 es el cubo de 3.

1871. Barrendero. Todo el día va riendo, va riendo.

1873. Efectivamente. Vea la foto desde otro ángulo:

1875. Tarpán. Siempre estaba colgado y con el mono.

1877. Nada. Es un hoyo.

1879. Que ambos se vuelvan religiosos porque los religiosos son todos hermanos, "todos son hijos de Dios".

1881. El teclado del ordenador.

1883. El teclado nada. Hay dos manos izquierdas.

1885. Sincero (sin-cero). No podía escribir la fecha 30-8 y sí la del 31-8 aunque jamás el año (salvo que viviera hasta el 2111).

1887. El Papa. Nace hombre, se hace cardenal (pájaro americano) y muere Papa.

1889. En el siglo I antes de Cristo.

1891. Las del Vaticano. En 600 años, sólo han dado 25 papas.

1893. Noé. Mantuvo su empresa a flote mientras el resto del mundo estaba en liquidación.

1895. Mire por qué: no tenían ropa, estaban sin zapatos, solo tenían para comer una manzana, y todavía decían que estaban en el paraíso.

1897. Tres tigres son un trabalenguas.

1899. Necesitaba mil (en minúsculas) togas medianas. En mayúsculas serían 1049.

Talla grande (L), en números romanos, 50.

Talla mediana (M), en números romanos, 1000.

¿Por qué distinguir entre mayúsculas y minúsculas?

Mil es M en número romanos, mientras que MIL se puede entender como el número 1049 en números romanos (M es mil y IL podría ser 49, cincuenta menos uno, aunque no es la forma habitual).

1901. Algo más de 10 horas. Deben hacer los relevos en la conducción y repostar gasolina.

1903. El aliento.

1905. Sumo Pontífices.

1907. La b. Aunque parece la c.

1909. En el proceso de corte del molde, estas dos letras, al no tener un punto de apoyo superior se rompen, por eso no se fabrican.

Es curioso que eso no pase con la C y la M siendo similares.

1911. Cada 4 días. Cuando aparezca YY. (**YY** – YN – NY- NN)

1913. Todos. El 1 de enero está en el mismo año que el 25 de diciembre siempre.

1915. Era un loro que había oído toser y él tosía porque lo había aprendido, pero lógicamente no estaba acatarrado.

1917. Un eunuco tuerto, viendo un murciélago posado en un saúco, le tira una piedra pómez y falla el golpe.

1919. Doce décadas. (12 de cada s)

1921. Era la panadería de una cárcel real del siglo XIX.

Esta cárcel de EEUU estaba situada en una zona desértica, sin posibilidad de abastecimiento de comida o bebida en varios km a la redonda. La única comida que se daba en cantidad suficiente a los presos era pan; por mucho que acumularan en una posible huida, este se volvería incomestible a los 3 días, lo que complicaría la supervivencia de los que huyeran.

1923. Eran unos cangrejos ermitaños.

Uno salió de la concha, lo cogió uno de esos críos salvajes que se dedican a recolectar y matar todo bicho viviente. Después se metió otro en la concha y un paseante coleccionista de conchas se los llevó para casa.

1925. Rollos de papel higiénico: Se usa el papel, pero se tira el embalaje de plástico y el rollo de cartulina central.

1927. El toro. En una corrida llena la plaza.

1929. Porque tiene todos los colores menos el negro.

1931. Los calendarios utilizados eran diferentes. Luego hubo una unificación para obtener el actual.

1933. **C**arbono, **H**idrógeno, **O**xígeno, **Co**balto, **La**ntano y **Te**luro.

1935. La grapadora

1937. La acera.

1939. Una hora.

1941. Sí. Un ruso puede entrar en el Kremlin e insultar al presidente de los Estados Unidos sin que le condenen.

1943. El nombre.

1945. Estaría arañando su ataúd desde el interior.

1947. El dinero.

1949. ¡Niño, cállate! María, trae el termómetro.

1951. Es racista porque una blanca equivale a dos negras. Es antirracista porque blancas y negras se tocan juntas.

1953. Las olas.

1955. Con sigilo.

1957. Las tijeras.

1959. Porque sale a ligar y como no lo consigue se emborracha.

1961. En la vida nadie te ayuda cuando estás jodido. Si te ayudan es porque van a joderte.

1963. NOKIA es negación de la marca KIA.

1965. Al decir entre 14 y veintiuno se refiere a que letra empieza cada uno en el diccionario catorce(c) y veintiuno(v). Todos los números están entre 14 y 21, entre c y v.

1967. Tres hombres quedaron atrapados en una isla desierta. Desesperados de hambre, decidieron amputarse los tres brazos izquierdos respectivos para comerlos. Se juraron entre sí que cada uno permitiría que le cortaran el brazo. Uno de ellos era médico y fue quien cortó el brazo de sus dos compañeros. Sin embargo, cuando terminaron de comer los brazos fueron rescatados. Pero como el juramento todavía estaba pendiente, el médico se hizo amputar el brazo y se los envió a sus colegas en la expedición.

1969. Es el reflejo de la marca PEPSI.

1971. Por delante. En las cuevas no hay electricidad.

1973. El caballo se llamaba "VIERNES".

1975. Porque tiene el doble de área que el de su vecina. Por eso tiene el doble de nieve.

1977. La botella está vacía, así que no se derramará nada de vino.

1979. El tren era una montaña rusa. El banquero había prometido al sobrino llevarlo, pero aborreció la experiencia. Se alivió una vez que pasó.

1981. El señor bajaba las escaleras de un edificio en donde había un hospital. Mientras lo hacía, se cortó la luz y él sabía que no había un aparato generador de corriente. Su mujer estaba conectada a un respirador artificial que requería de electricidad para mantenerla viva. Se dio cuenta de que se había cortado la corriente, eso implicaba forzosamente la muerte de su mujer.

1983. Ninguno. Los monos no hablan.

1985. Ya existe el dispositivo. Lo llaman "gallina".

1987. El ataúd.

> Quien lo hace no lo goza,
> quien lo goza no lo ve;
> quien lo ve no lo desea
> por más bonito que esté.

1989. Se fusionan Happy christmas en rojo con MERRY NEW YEAR en blanco de una manera natural y elegante.

1991. Cuando venía el profesor le daba la vuelta a la

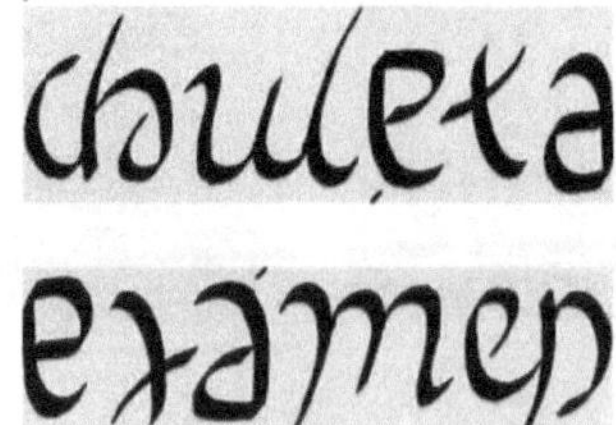

y aparecía el

1993. Es una crema antiedad. Las manchas en la piel con forma de número simulan el eslogan "no escondas tu edad".

1995. En 40 segundos.

1997. 1 euro = 100 céntimos = 10x10 céntimos = 10x(10 céntimos) = 10x(0'10 euros) = 1 euro.

1999. Tómese un vaso de agua y llénese hasta la mitad. Dado que está medio lleno y medio vacío, tenemos que: 1/2 lleno = 1/2 vacío. Por tanto: lleno = vacío.

2001. La médula o-se-a.

2003. Los dientes.

2005. Porque tenían que abrochárselos.

2007. El primer deber de un soldado no es el de morir por su patria, sino el de procurar que el soldado enemigo muera por la suya.

2009. 5/2. Cinco entre dos.

2011. El apellido.

2013. De-morado.

2015. Tal armadura no existe, ya que Don Quijote es el personaje de un libro.

2017. Sí, porque las paredes no saltan.

2019. Tenía un caballo. Las cabezas serían las de los clavos de las herraduras más la suya propia. Llevaba 5 clavos en las patas delanteras y 6 en las traseras.

2021. La cigarra y el cigarro.

2023. Entre.

2025. Carlos escuchaba la radio del coche. Cuando pasó por un túnel la recepción quedó momentáneamente interrumpida.

2027. El submarinista no era el pirómano. Estaba en el lugar y momento equivocados.
Como se trataba de un gran incendio, los bomberos utilizaron hidroaviones para sofocarlo, esos tanques se cargan en lagos o ríos cercanos. Uno de ellos tomó también al buzo dejándolo caer en el foco del incendio, muriendo abrasado.

2029. Quité un tornillo a cada una de las otras ruedas y así pude seguir el camino con las 4 ruedas a 3 tornillos por rueda.

2031. Los calzoncillos del padre vicario suben y bajan por el campanario.

2033. Hay dos errores; uno es la frase que dice "Dos más dos es igual a cinco". El otro es: "En este acertijo se cometen tres errores".

2035. De los defectos. (Proverbio véneto)

2037. De la limosna. (Anatole France)

2039. Arroz de la marca SOS.

2041. El pedo.

2043. El avaro. Tiene todas las preocupaciones del rico y todas las privaciones del pobre.

2045. El pescado.

2047. Se quedó viuda.

2049. La varita.

2051. Se llena el de 7, luego se vierte de este en el de 2, dos veces y lo que quede es justamente 3 tazas.

2053. Vendarse los ojos, porque "ojos que no ven, corazón que no siente".

2055. Por teléfono.

2057. Sí. Decir no.

2059. El hombre es perseguido por un delincuente que previamente había tomado una piedra del callejón. Este último, al ver que no podía alcanzar al primero, le lanza la piedra y le da en la nuca. Obviamente, el primer hombre cayó de frente, pero su nuca sangra por el impacto.

2061. Los vecinos estaban jugando un partido de tenis por la mañana.

2063. Una pasó a buscar a su amiga que estaba a 9 km de distancia en cuanto la encontró caminaron 6 km más sin separarse.

También: Caminaron en círculos, de tal manera que la chica que caminaba formando el círculo más pequeño, recorrió una menor distancia que su amiga, estando a su lado en todo momento.

2065. Porque todos los que se aburren intentan matarlo.

2067. a) Nada. b) Que llore, para que se desahogue.

2069. *"Está tomando café"*.

2071. Las de la Guardia Civil.

2073. En ambos casos se moja.

2075. Lunes y Jueves son los nombres de dos caballos.

2077. Pescado.

No importa lo que mida o lo que calce o lo que haya cenado; sigue pesando PESCADO. No se pregunta ¿cuánto pesa? si no ¿qué?

2079. El papel higiénico.

2081. Baloncesto. Para establecer un nuevo récord Guiness. Jugaron 24 jugadores rumanos durante 80 horas seguidas.

2083. Ser multimillonario, y perder unos millones en un negocio.

2085. Haberse muerto.

2087. Los ciegos. Por lo general no se pueden ni ver.

2089. La bota de vino.

2091. En un muelle.

2093. Olvidar desabrochárselos.

2095. Porque un Rubio (Mariano) de pelo blanco, rojo de toda la vida, se ha puesto morado de dinero negro y ahora le están poniendo verde.

2097. Una carta.

2099. Las viudas se repartieron los 10.000 euros.

2101. La sartén.

2103. Estrés.

2109. El enunciado es intencionadamente enrevesado, pero basta con dibujar tres monigotes, uno detrás de otro, para comprobar que bastan tres corredores para que se cumplan las condiciones.

2111. Porque hay más.

2113. Cada 65 minutos 27.3 seg., las manecillas del reloj coinciden.

2115. La temperatura es menor de 40 grados centígrados bajo cero. Sólo así la temperatura en grados Celsius supera a la misma en grados Fahrenheit.

2117. La oveja llamada "Ninguna" parió dos corderos. Las otras uno cada una.
Sin imponer la condición de que parieran todas, otra solución podría ser: Una parió 3 corderos, cuatro parieron uno y otra no parió ninguno.

2119. Porque es casi un cuadrado. Los niños españoles menores de 5 años saben escoger, de entre todos los colores posibles, el colorado para pintar el mapa de España. 

2121. Kevin Pease, ganó el desafío con este:

2123. Porque los pingüinos viven en la Antártida.

2125. Un cacahuete.

2127. Si el reloj tarda 6 segundos en dar las seis, entonces cada intervalo entre campanadas será de 1'2 segundos.
Al dar las once hay diez de esos intervalos, por lo que el tiempo total será de 12 segundos.

2129. Los hermanos eran siameses, unidos por un lado. Vivían en Birmingham (Alabama, EEUU) donde se conduce por la derecha, el volante está en el lado izquierdo del coche, siempre conduce el mismo.
Al irse a Londres (Inglaterra) donde se conduce por la izquierda, el volante está en el lado derecho del coche y tendrá que conducir el otro hermano.

2131. Ninguno. En una guía telefónica no pueden encontrarse teléfonos que no figuran en ella.

2133. Se ponen los dos relojes a funcionar a la vez.
Cuando el reloj de 2 minutos agote la arena ponemos el huevo a cocer. Mientras tanto el reloj de 5 minutos sigue funcionando. Cuando agote la arena habrán pasado 5 minutos pero sólo 3 minutos desde que se puso el huevo a cocer.

2135. En el centro exacto de la tierra es imposible mirar hacia el este o el oeste, pero si es posible mirar hacia el sur o norte.

2137. A dos camisas y un par de medias.

2139. Los dos presidentes eran el mismo hombre. Grover Cleveland (1837-1908) presidió durante dos mandatos a los Estados Unidos de América, pero los dos mandatos no fueron consecutivos. Fue presidente de 1885 a 1889 y de 1893 a 1897.

2141. El que sea más pequeño, Porque será menos burro.

2143. Debe hacer juegos malabares con las bolas mientras cruza. Una estará en el aire siempre.

2145. Pensó que su mujer habría llamado a su amante y pulsó la tecla de rellamada del teléfono. Cuando el interlocutor atendió diciendo su nombre, el marido le comunicó que había ganado un premio y preguntó la dirección a la cual enviarlo.

2147. La estrella de mar.

2149. De ninguna de las dos formas, porque el venado no tiene plumas.

2151. A Lady Gaga.

2153. Moisés. Hizo tablas con Dios.

2155. Las llaves. Se omite el segundo par de verbos. Las llaves tienen copias y hay un "ama de llaves".

2157. A punto de caer las tres.

2159. AA. POP. TNT.

2161. Porque no creen que después haya una vida mejor.

2163. La llave.

2165. Es un libro en español. Todos los libros en inglés tienen sus lomos escritos de manera que se leen de arriba hacia abajo.

2167. Sean las mujeres M_1 y M_2 con hijos respectivos H_1, H_2 y nietos n_1 y n_2 (hijos de H_1 y H_2 respectivamente).

Consideremos que M_1 se casa con H_2 y M_2 con H_1.

Las dos mujeres juegan con n_1 y n_2 que son hijos de sus hijos H_1 y H_2.

Por otro lado, siendo M_2 casada con H_1 entonces será también madre de n1; pero siendo M_2 madre natural de H_2, tenemos que H2 es hermano de n1, por lo que los niños n_1 y n_2 son hermanos de los maridos de las dos mujeres (n1 hermano de H_2 y n_2 hermano de H_1).

En resumen: se trata del caso de dos mujeres, cada una con un hijo y cada una con un nieto.

Cada mujer se casa con el hijo de la otra.

2169. Miente la CARA 1. No hay dos afirmaciones, sino sólo una (CARA 1) y una negación (CARA 2).

2171. Lo siento por Vd., pero para consultar la solución ha tenido que rendirse, lo que significa perder la batalla.

2173. Los tres hermanos son el pasado, el presente y el futuro, el país en el que los tres reinan juntos, y que ellos mismos son, es el tiempo, y la casa en la que viven es el mundo.

2175. Coja un lápiz y enrolle sobre él la punta del billete. Siga enrollando, asegurándose de que esté bien apretado. Cuando el lápiz llegue a la botella, siga haciendo lo mismo. Enrolle lentamente y con ambas manos, una en cada extremo del lápiz. De este modo sacará fácilmente el billete.

La razón es que cualquier contacto en la parte alta de la botella le haría perder el equilibrio; pero un empujón en la parte de abajo no la desestabiliza en absoluto.

2177. El hombre estaba sentado en su coche descapotable, con la capota bajada. Los disparos procedían de arriba y no atravesaron más que el pecho y la cabeza del hombre.

2179. Por la cuerda.

2181. La cometa.

2183. Cruzaron andando. El río no tenía agua.

2185. Se apareció en la última semana del año. Por ejemplo el 30 de diciembre y el 1 de enero.

Durante ese último año ya no se apareció (ya que se había aparecido el 1 de enero, ya cumplía la tradición) y se volvió a presentar el 31 de diciembre del siguiente año, con lo que pasaron casi 2 años entre las dos apariciones.

2187. Las huellas estaban en la arena de la playa y las borraron las olas antes de que llegara la policía.

2189. La ley de la gravedad.

2191. El minino. El manul.

2193. Hermanos varones. En Inglaterra el heredero es el primer varón de la línea sucesoria directa (ley sálica). Por lo tanto si es Reina es porque no tiene hermanos varones.

La única forma en que podría tenerlos es que estos hubieran abdicado o muerto.

2195. Lord McCallaghan estaba a punto de morir, y al ser muy religioso, pidió ser confesado y comulgar. No había vino ni pan, por lo que aceptó y agradeció whisky y una galleta como sustituto.

2197. La suma de todos los números de la ruleta da como resultado 666 (día del diablo).

2199. Simplemente, comí uno de los que estaban aún unidos en grupos de cuatro (o seis) y evité los que estaban sueltos.

2201. La del bikini amarillo. Eva (la de Adán) al ser la primera mujer no tiene ombligo.

2203. Se repite la palabra "EL".

2205. El cliente pidió cava.
Ahí está el juego de palabras (con cava - cóncava).

2207. Era el chofer.

2209. Comensal.

2211. Tenía una hermana gemela famosa en ese pueblo.

2213. La señora es muda y le pide que le indique donde queda tal lugar, él le escribe que en la próxima parada, entonces ella se baja y tira el papel porque no lo necesita.

2215. Sabía por otra amiga común que el novio de Marcelina era el único socorrista del pueblo.

2217. Cuatro cafés. El de amarillo está afirmando que tomará, las dos chicas tienen la incertidumbre si todos tomaran, el que se encuentra al lado de la camarera dice que no y no está respondiendo por él, sino dando una respuesta global del grupo: "No, sólo cuatro tomaremos café".

2219. Fue lo que le sucedió a la gimnasta rumana Nadia Comaneci. Nadie en la historia había sacado un 10 y las maquinas no estaban programadas para poder mostrarlo. Por eso que apareció sólo el primer dígito.

2221. Paradoja de Pinocho.

2223. La vendedora pesó la bufanda, y le vendió el mismo peso de lana en ovillos.

2225. Elena es una vaca y Pedro un toro. Elena ve 3 toros (Pedro y otros 2 toros) y 3 vacas. Pedro ve 4 vacas (Elena y 3 vacas) y 2 toros. En total hay 4 vacas (Elena y 3 más) y 3 toros (Pedro y 2 más).

2227. La probabilidad es 1. Si en un montón hay x cartas rojas, en el otro tiene que haber x negras.

2229. Cuando el radio es z y la altura es a.

2231. Era un reloj doble de los que se usan jugando al ajedrez.

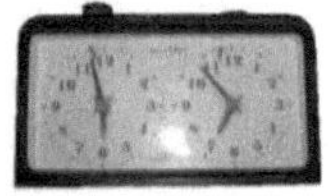

2233. Todo cuadrado tiene 3 segmentos rectos. Al tener 4 segmentos rectos, también tiene 3.

2235. La bombilla será transparente, lo que cambia es el color del cristal que la protege.

2237. Supieron que era cojo siguiendo sus pisadas y viendo una más tenue e incompleta. Supieron que era ciego de un lado porque se estrellaba contra los árboles de ese lado y donde se estrellaba dejaba motas de pelo.

2239. Es profesor de lengua española y pide la conjugación de un verbo de la 3ª conjugación. Le da igual vivir que morir, ambos son de la 3ª.

2241. Trabajaba como ayudante de un reportero y se encargaba de llevar el equipo.

2243. Era un colgante de oro con el diseño de un gorro de natación conmemorativo de su primera competición.

2245. No salieron más porque solo salieron los cuatro que entraron.

2247. Llevaban como náufragos mucho tiempo, habían construido un pueblo en la isla. Un barco venía a rescatarlos.

2249. Trabajaba en la Oficina de Empleo.

2251. La campana.

> Instrumento musical
> que sólo tiene una cuerda,
> y por su canto celestial
> aquel que lo toca se cuelga.

2253. Es de la puerta de un servicio de señoras.
La imagen siguiente, que suele estar en "la otra puerta", confirma la solución.

2255. Casado.

2257. El reloj.

2259. El agua está congelada en la superficie.

2261. En Bolivia, ya que es su capital.

2263. Miran al cielo, uno de ellos está en una zona horaria donde es de noche mientras que los demás en una donde es de día.

2265. Porque está vivo.

2267. Una silla, cuando no lo usamos tiene 4 patas y usándola 6.

2269. Los padres fueron incinerados y la tumba es simbólica.

2271. Es un desierto helado del Ártico o la Antártida. Las bebidas alcohólicas ayudan a recuperar calorías en lugares con temperaturas bajas.

2273. Tiene 30 empleados y sólo 20 aparcamientos.

2275. Por ejemplo: debajo de un paraguas mientras está lloviendo.

2277. Él era un francés de mediados del siglo XVII.

2279. El corazón.

2281. La compañía suministradora es la misma para el gas y la electricidad.

2283. La que va hacia el norte está en el sur y viceversa.

2285. Si el acertijo se propone en domingo, miércoles, jueves, viernes o sábado: Martes, miércoles y mañana.

2287. La señal de STOP que vio, era la de otro carril y no le afectaba.

2289. En los Juegos Olímpicos de invierno.

2291. Giran todos a la derecha.

2293. Jugó al cubo..

2295. El pedo.

2297. Las llaves.

2299. El asa de la taza quedó hacia el interior por el giro del plato, con 2 segundos más, pasó a la parte de fuera y ya pudo cogerla sin quemarse.

2301. No se dice que el partido fuera de tenis. Podrían haber jugado al ajedrez, al ping pong...

2303. Al llover el segundo perro dejo de ser verde porque se le fue la pintura.

2305. Sol-dado.

2307. Carlos era cura y quería vino para una misa.

2309. Benito le envía primero su candado abierto.

2311. En el año 19 todavía no había muerto Jesucristo y los años todavía no se contaban después de Cristo.

2313. El burro de Pedro llevaba sal y el asno de Juan esponjas. Por la noche llovió, la sal se disolvió y las esponjas absorbieron el agua y aumentaron de peso.

2315. La "barra" hace referencia a una barra de metal. Entró corriendo, se golpeó y cayó al suelo.

2317. El hombre visito 14 embajadas de 14 países diferentes. Teniendo en cuenta que las embajadas se consideran territorio del país al que pertenecen, podemos decir que realmente visitó los 14 países.

2319. El que fue a comer es una persona famosa. Pagó con un cheque y no lo cobraron para guardar el cheque firmado a modo de autógrafo.

2321. Juan sellaba siempre su boleto dos veces y uno se quedaba para él.

2323. Eliminando los segmentos señalados con las flechas, y juntando los dos largos a los laterales de las flechas, se forma una H de color blanco gracias a las aletas de las flechas.

2325. Porque era el día y la hora en la que se atrasa una hora el reloj, así solo llego 3 minutos tarde y no plancho nada.

2327. Los palillos indicaban el 12 pero en números romanos "XII", luego de que fue retirado uno de los palillos, al acercarse parece los vio en la dirección opuesta y se formaba el número nueve "IX".

2329. Es real y ocurrió durante la 1ª Guerra Mundial, durante la Navidad se decretó una tregua y se jugó un partido amistoso entre los dos bandos, después continuó la guerra.

2331. De un fotógrafo famoso. Diciendo "imágenes suyas" se quiere decir de "su propiedad", fotos hechas por él, no en las que salga él.

2333. Los pies. No se pueden hacer curvas, sólo podemos hacer muchas pequeñas líneas rectas.

2335. Eran dos personas distintas.

2337. Fernando Alonso.

2339. Entregar todos el examen en blanco, así la media será 0 y todos tendrán una nota igual a la media, por lo que según las normas del profesor, aprobarían.

2341. La azafata se acercó al piloto o el copiloto.

2343. Intercambiaron dientes de ajo.

2345. Al lado de la carretera hay un cementerio.

2347. Vive en la de la derecha, el nombre del perro es Tampoco.

2349. Hay un río y dos orillas, un niño se halla en cada orilla. Cuando la barca cruza llevando un niño, el otro la coge para volver a cruzarlo.

2351. Está escrita la palabra "JIRAFA" en el cuello de la evidente.

2353. Los pies.

2355. El kárate.

2357. Era el ratón de ordenador.

2359. Vistió a las camareras con ese vestido.

2361. Ninguna letra de la frase tiene "curvas".

2363. El camión y los altavoces los usaba para publicitar algo por las calles: Una corrida de toros, un concierto…

2365. La puerta esta inclinada unos 90°. Si inclinamos la cabeza unos 90° es muy fácil verla.

2367. Agua y jabón pues está pintada.

2369. Las unidades de medida son la expresión en números romanos del número que acompaña a la medida. Por tanto son 1000m.

2371. Dibuje los puntos dentro de los ya dibujados.

2373. En esa misma carta hay un ocho blanco con fondo rojo. Los agujeros del 8 son los dos diamantes centrales de la carta.

2375. Girando 180º y colocando el punto en su lugar es posible obtener la palabra "▢▢▢▢":

SEIS

2377. Siete segundos. (Acertijo de la vida es bella)

2379. El diccionario.

2381. En las patas traseras no tiene "pulgares".

2383. En el reloj.

2385. Madre-hijo.

2387. Era otra esposa de Juan, anterior a la actual.

2389. De una mesa del restaurante.

2391. Votar en unas elecciones.

2393. Llegó a las 6.01 de la madrugada. En realidad llega 12 horas y un minuto tarde.

2395. Le puso la rayita horizontal al 7.

2397. Cuando Adán comió la manzana ofrecida por Eva, Dios lo castigó quitándole la inmortalidad.
2399. El Pentágono de los EEUU.

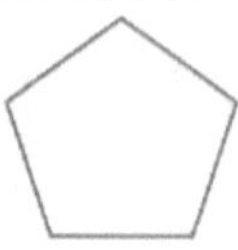 

2401. El silencio.
2403. Antes de poner el cartel, lo pisaban.
2405. El contrabajo.
2407. Lo mismo que el 30 de febrero de ese año.
2409. En el fútbol: tarjeta amarilla + tarjeta amarilla = tarjeta roja.
2411. La cuerda.
2413. De ninguna. Se obtiene de los gusanos de seda.
2415. A y C mienten, B dice la verdad.
2417. Huesos con muy poca carne.
2419. Costa Rica.
2421. El servicio de telegramas, ampliamente usado hace años, fue dado de baja en USA en 2005.
2423. Carlos se tatuó "TU NOMBRE".
2425. El fuego.
2427. La planta del pie.
2429. Valencia. ¿Granada?
2431. Un reloj de pulsera.
2433. Brillantina está siempre en cabeza.
2435. El banco en el que parecen que están sentados no existe.
2437. La de repuesto.
2439. Para que los enfermos tengan cura.
2441. Porque la directiva les ha prohibido tener relaciones sexuales desde el jueves hasta después del partido.
2443. La leche.
2445. La carta.
2447. Dentista.
2449. Leonardo. (León y nardo)
2451. La corbata.
2453. Los hermanos.
2455. La garrapata.
2457. Porque le faltaba un ojo.
2459. El piojo.
2461. Porque la Sinfonía Inconclusa la compuso Schubert.
2463. El nombre del barco.
2465. La cebolla.

2467. Que no lloviera.

2469. Una esponja.

2471. Una autobiografía.

2473. El caracol.

2475. El huevo.

2477. La sombra.

2479. El amarillo.

2481. Un sombrero.

2483. El sueño.

2485. Un sello.

2487. La pizarra de clase.

2489. Un puente.

2491. La margarita.

2493. El pescado cogido en las redes.

2495. La oveja.

2497. Una colmena.

2499. El cuchillo.

2501. Una tarta de boda.

2503. Una rana.

2505. El reloj.

2507. Ocho.

2509. Albañil: "Eleva" al cubo. Traumatólogo: Maneja los "quebrados". Dentista: Extrae "raíces".

2511. La raíz de una planta. Un hoyo...

2513. Bolivia.

2515. Porque le faltaba un ojo.

2517. El canguro hembra.

2519. La verruga.

2521. Ruso-luso. (Según la falsa creencia de que todos los chinos sustituyen la r por la l al hablar)

2523. El espejo.

2525. Un peón del juego del ajedrez.

2527. 80%.

2529. Muchas.

2531. Todos, ninguno se quita la cola para comer.

2533. La arena.

2535. El cirujano.

2537. "Ninguno" era el nombre de uno de los muchachos.

2539. Las nubes.

2541. La sotana. (Un mono de trabajo no sirve ya que también lo usan mujeres)

2543. El hombre.

2545. Una media.

2547. La luz.

2549. El hoyo.

2551. En el brazo.

2553. El limonero. El árbol del cacao. Árbol de pan. Tagua...

2555. La de oros. Tiene las dos piernas juntas.

2557. Un dedo de la mano.

2559. En invierno no hay cerezas.

2561. Una aguja y un alfiler.

2563. El enfado (en fado).

2565. El agua de alguna parte del cuerpo.

2567. Jueves Santo y Viernes Santo.

2569. Del lucero.

2571. El dedal.

2573. El regalo fue algo incluido en el testamento de un familiar fallecido.

2575. Siguiendo la siguiente estrategia, siempre acierta uno de los dos. Nunca fallan los dos a la vez pero tampoco aciertan los dos a la vez.
El primero de los magos da como predicción el resultado de su propia moneda. El segundo predice el resultado contrario de la suya.
Si el resultado de las monedas es igual en las dos celdas, el primer mago acierta la predicción.
Si el resultado de las monedas es diferente, el segundo mago acierta.

2577. La niña del ojo.

2579. La lentilla.

2581. Tirando piedras al mono. El mono para defenderse le arrojará plátanos.

2583. "Mañana" es el nombre de su mujer.

2585. Las cosas de comer. (Frase habitual de madres a hijos: Con las cosas de comer no se juega).

2587. Una galga.

2589. Lo dice el dedo. "No me molesta la picadura de la aguja, en tanto que lleve puesto el dedal".

2591. El dedal y la aguja.

2593. La nube.

2595. Pepe.

2597. Un candado. (CAN-DADO)

2599. ¿La aguja? No, en un pajar, hallará paja.

Las siguientes soluciones (de la 2601 a la 3399) corresponden a la PARTE 4.

2601. Compré letras. Cada letra costaba 6€. TRES =24€. DOS = 18€.

2603. Hay cuatro patos.

2605. Hermanos.

2607. El ronquido.

2609. El algodón

2611. El aguacero.

2613. Le va a poner en solfa.

2615. "Después" y "Antes" son nombres de perros.

2617. El sello y la carta.

2619. Concha.

2621. La ola.

2623. La cebolla.

2625. Los zapatos.

2627. El diente de león.

2629. Dinamarca. A ella pertenece Groenlandia.

2631. El cepillo del carpintero (garlopa).

2633. De la razón.

2635. Juan estaba en la cárcel y al salir le habían devuelto sus pertenencias.

2637. Una mochila...

2639. Una promesa.

2641. El perro, con un solo salto, puede saltar por encima de su casa (la del perro).

2643. Un iceberg

2645. El fuego.

2647. El carbón.

2649. Una percha.

2651. Al Pacifico, aunque parezca lo contrario.

2653. Tiene medias como el estampado del suelo.

2655. El hambre.

2657. Una pelota de tenis.

2659. Era un día del Ramadán, Carlos no podía comer hasta que se ocultara el Sol.

2661. Perdón.

2663. El agua.

2665. Las tres manecillas de un reloj: hora, minuto, y segundo.

2667. Del comité de donación de órganos. (Líbano)

2669. Este viaje es el récord del recorrido más largo en automóvil conduciendo marcha atrás.
Charles Creighton y James Hargis fueron desde Nueva York hasta Los Ángeles entre el 26 de julio y el 13 de agosto de 1930. Después regresaron a New York tambien marcha atrás.

2671. El árbol.

2673. Normal. Tiene la mitad de sus dedos en una mano y la otra mitad en la otra.

2675. Era un submarino.

2677. Al niño le faltaba el brazo derecho, o lo tenía atrofiado.

2679. Es un kayak "transformado" en portaaviones. Lo "censurado" es el tipo que lo maneja.

2681. Una uña.

2683. Una burbuja.

2685. Un clavo.

2687. Un parquímetro.

2689. Hielo.

2691. La escalera.

2693. La mujer ciega y el marido sordo. (Michel de Montaigne)

2695. Los matrimonios se habían separado hacía tiempo, pero en el pueblo no estaba la entidad necesaria para llevar a cabo el divorcio. Un día la instalaron y boom, todos los matrimonios ya separados se presentaron para formalizar la situación.

2697. Marinero. Vemos un hombre y si le damos la vuelta un barco. Dibujo de Valentin Dubinin.

2699. No tiene sombra ni reflejo.

2701. Un reloj de pesas.

2703. El pelo.

2705. Vigo.

2707. El lápiz, el bolígrafo...

2709. La avería.

2711. BALAÍDOS.

2713. Era una carrera de relevos, y su equipo no pudo llegar a la meta como ganador.

2715. Del camaleón.

2717. La anona (chirimoya).

2719. El día de mañana.

2721. La sierra.

2723. "Más joven que tú" es el apodo de Carlos.

2725. El hombre está entrando al túnel, se acerca, el pie derecho esta levantado y el tacón está por detrás de la sombra.

2727. Se suicidaron 10 monjes en la noche del décimo día.
La explicación es un tanto tediosa por escrito, pero es más o menos así: Si sólo un monje hubiese estado enfermo, cuando el abad les contó acerca de la enfermedad y les confirmó que entre ellos había enfermos, ese único monje enfermo no hubiese visto caras negras, deduciendo que era el enfermo.
Si hubieran sido dos los enfermos, al primer día los hubiesen visto una sola cara negra, pero al no haber un suicidio por la noche, hubieran comprendido que había más de un enfermo, siendo ellos el otro.
Así sucesivamente, al décimo día todos comprendían que había por lo menos 10 enfermos. Los que sólo veían 9 caras, comprendieron que ellos eran el restante y se suicidaron. Si no hubiesen tenido el valor de hacerlo, al undécimo día todos los demás hubieran pensado que estaban enfermos y se hubieran suicidado.

2729. Espere a que se haga de noche y salga por la tercera.

2731. En la boca.

2733. El conocimiento

2735. Porque se necesita una cámara de fotos. Las patas de palo no hacen fotos.

2737. Un aspirador, una lavadora...

2739. Gracias al vino. (Plinio el viejo, escritor romano)

2741. En el centro de la Tierra.

2743. Mi tío se llama Carlos Distinto García.

2745. Una broma.

2747. El relámpago y el trueno.

2749. El espejo.

2751. Es un bebé que aún se encuentra en el vientre de la madre. Los testigos son el médico y los padres que lo ven a través de un monitor.
Por añadir algo más: Alguién entrenando con sparring o saco. Una máquina de bebidas que se traga monedas y no da nada.

2753. El agua al hielo.

2755. La desafortunada Benita López nos dejó con 13 años. "Baños" es en realidad "13 años".

2757. Porque era zurdo.

2759. El pensamiento.

2761. Eva y Adán.

2763. El Quijote y la Constitución.

2765. El espacio.

2767. Una alfombra.

2769. El pañuelo.

2771. Los labios.

2773. Un rebaño muy grande.

2775. Pintando a su gemela identica.

2777. Porque los regalos los da papá, no él.

2779.

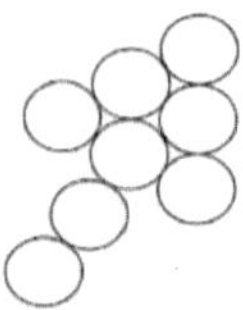

2781. El espejo.

2783. Casi solamente habló de: crisis, corrupción y Cataluña.

2785. Es olvidarlo una sola vez.

2787. Porque no había quien le encontrara la combinación.

2789. Mi maldito pijama.

2791. Apartado de correos.

2793. Al jabón.

2795. Partimos 3 rosquillas por la mitad. Le damos una mitad a cada niño. Partimos cada una de las 2 rosquillas restantes en tres partes iguales y le damos un trozo a cada niño.

2797. Sábado.

2799. Nueve.

2801. Subirse a un taxi.

2803. Cuatro.

2805. Sí es posible. Si cada destornillador valía un euro el vendedor ganaba 0,5€ en ambos casos.
Si el vendedor no es el dueño es probable que gane lo mismo vende mucho o venda poco.

2807. Brasileña.

2809. La joven tiene dos manos izquierdas.

2811. Una báscula.

2813. Leer siempre es un placer.

2815. Son sus guardaespaldas. En un gimnasio en cintas de correr.

2817. "Suegra". Nadie la quiere.

2819. La cebra, y el pingüino. Todavía se ven en blanco y negro...

2821. Sí. La palabra "la" está repetida.

2823. Eso es por conocer la diferencia.

2825. El dentista.

2827. Una posible solución:

2829. Llevó al cliente a un teatro o a un cine y le contó el final de la obra o película.

2831. Francia llevó naranjas. Polonia no pudo acudir porque no encontraron ninguna fruta cuyo nombre empezará por la letra que está en medio del nombre del país.
¿Qué fruta llevo México si asistió a dicha reunión?

2833. Vio un terrón de azúcar que me trajeron con el café. Los terrones de azúcar son difíciles de ver actualmente cuando hace unos años eran de lo más habitual.

2835. De la ley que cambiaba de conducir por la derecha a conducir por la izquierda, o viceversa.

2837. De levitación.

2839. Porque ese coche tiene "cuentarrevoluciones".

2841. Era una tienda de chinos.

2843. Porque tiene muchas salidas.

2845. Porque se le había prendido fuego la sotana con alguna de las velas y lo hizo para sofocar la llama.

2847. Porque era daltónico y lo confundió con una farmacia.

2849. Iban en un autobús y se fueron cediendo el asiento.

2851. Sara era sonámbula.

2853. Junto con el polvillo venía una cantidad impar de cerillas, por ejemplo, tres.
Así: par + 3 = impar, y a su vez impar + 3 = par.

2855. La talla XL es mayor que la talla L.

2857. Un perro y tres hembras de pato.

2859.

2861. Tenía los dos únicos ejemplares existentes. Al destruir uno, el otro multiplicó su valor.

2863. XI-I. También: Una vertical formando un "1" y cuatro formando un "0".

2865. Porque solo corrían ellos dos. Hamilton ganó y Alonso segundo. También: Hamilton con la posición obtenida al quedar penúltimo, obtenía los puntos necesarios para ser campeón del mundo.

2867. JFK. Es el nombre del aeropuerto de Nueva York.

2869. 50 y 100. Una bolsa está dentro de la otra.

2871. La octava es la campanilla que suena al abrir la puerta. También, inicialmente fue un simple error, pero mucha gente entraba a la tienda solamente para hacer notar ese error al propietario, que vio en ello una oportunidad más de negocio, o una forma de marketing.

2873. Aburridos de no vender nada, y hambrientos, se los fuesen vendiendo entre ellos, usando las monedas que tenían, hasta comérselos todos.

2875. Lo mejor será esperar a que se haga de noche para salir.

2877. En el lomo lleva escrita la palabra "horse", luego...

2879. En el bar no había nadie.

2881. Los aviones que iban a bombardear su ciudad cambiaron de objetivo porque las nubes no les permitieron saber dónde tirar las bombas.

2883. Tenía una calle o callejón falso, puesto en algún lugar para, convenientemente, detectar un plagio.

2885. Poniendo uno a cada lado de las dos flechas, los huecos en blanco forman una H.

2887. Los siete tablones uno al lado del otro forman un cuadrado.

2889. Quizás era adiestradora de perros guía para invidentes y estaba entrenando o haciendo una pequeña prueba a uno de ellos.

2891. Juan quería tener un hijo con su pareja y lo estuvieron intentando durante varios meses sin éxito. Se hizo en secreto pruebas de fecundidad y resulto ser estéril, leyó el informe el mismo día que su pareja le decía que se había quedado embarazada.

2893. Nueve escalones. Tome el camino de la derecha pero en vez de ir directamente a C dé la vuelta por el puente y entre en C por la izquierda. Eliminará así un escalón en el trayecto.

2895. La paloma pasó desapercibida en la inspección previa del parque y luego sólo tuvo que meter el diamante en una bolsita que la paloma llevaba atada en la pata.

2897. La "B". Ya que las caras contrarias de los dados suman 7, la diferencia la hace la cara superior de B. Total: A, 45; B, 47.

2899. Ella era alérgica a alguna sustancia que él había comido o bebido antes de besarse.

2901. Mercedes hizo testamento legando su fortuna a Alejandra cuando Carlos y Daniel aún no habían nacido. Cuando nacieron pensó en cambiarlo, pero murió repentinamente y no le dio tiempo.

2903. La casa estaba en venta y los dueños hacían pan en ella los días en los que la visitaban posibles compradores, para que ese aroma incrementara las ganas de aquéllos en adquirirla.

2905. Le pintó el círculo al genio alrededor de la cintura, así si saltaba se llevaba el círculo consigo.

2907. Era un detective que debía investigar a una mujer de la que sólo sabía su nombre y lugar de trabajo. Al verla salir con el ramo, ya sabría quien era para poder investigarla.

2909. Trabajaba como técnico de reparación de gas y acudía a avisos de posibles escapes; por precaución, se evita utilizar el timbre.

2911. El grupo que adelgazó, tomaba la píldora. El grupo que engordó tomaban placebo.

2913. Les dijo que morirían al cumplir, por ejemplo, 70 años. Una tenía 69 y la otra 40.

2915. Andrés era un artista cuyas obras serían más cotizadas, como lamentablemente sucede, en caso de morir.

2917. Por ejemplo de: votar.

2919. El otro vehículo era un camión que transportaba cinco vehículos.

2921. Dos movimientos. Se mueven las dos fichas de los extremos de la línea inferior y se colocan a ambos lados de la línea de arriba para formar un cuadrado de 3×3.

Claro, esta solución la saca todo el mundo.

Con un movimiento, y mirando desde otrás se puede hacer un cuatro, cuadrado del dos.

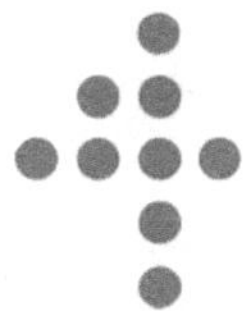

2923. Las puertas se habrían hacia adentro y no hacia afuera, como actualmente, creando así un embotellamiento.

2925. Hay que cortar sólo dos, el 4º y el 17º, con eso nos quedan dos trozos de uno, uno de tres, uno de seis y uno de doce. Con ella se hacen todas las combinaciones posibles para pagar los 23 días.

2927. Era un carril para taxis y ponía "TAXIS" pero un coche estaba tapando la "T" y la "A". Por supuesto, lo estaba Vd. leyendo al revés.

2929. Era una camisa sin bolsillos y Juan inconscientemente intentaba dejar allí el lápiz y por eso la manchaba. Sus restantes camisas si tenían bolsillo.

2931. Había granizado y los pedazos de granizo eran grandes y eso la impactó y la mató, obvio que se derritieron por eso la policía no lo encontró.

2933. Girando 90º a la izquierda se puede observar el cuarto.

2935. Si consideramos que no es media camiseta, ni que la parte de atrás está doblada para despistar, tenemos al menos siete agujeros: dos mangas, cuello, cintura, dos delante y al menos uno detrás. Si rizamos el rizo pudiera haber menos de siete.

2937. Una vaca.

2939. X=4, Y=9. Son los meses del año por orden alfabético. Abril, agosto, diciembre, enero, febrero...

2941. Está jugando ajedrez con, D.

2943. Una hora puede ser las 4:30. Habría que mover la cerilla superior de la primera figura y ponerla bajo la vertical de la derecha para formar el cuatro, y la vertical izquierda de la segunda figura colocarla en el centro horizontal para formar un tres.

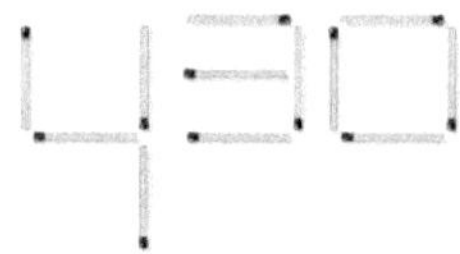

2945. Hogar dulce hogar.

2947. Los números son 3, 4 y 7. Los números 3 y 4 hay que girarlos 180 grados.

2949. La B. Si al 6 le damos la vuelta es un 9. Si separamos la Q queda un 10. Separando la X queda un 11. Separando la R queda un 12. Así, separando la B queda un 13.

2951. Cada uno de los jóvenes está en una orilla.

2953. Se puede llenar media barrica volcando de la barrica llena echando el vino en la vacía hasta el momento en el que aparece el fondo a la vista.

En esa posición, el volumen ocupado por el vino es igual al vacío, de modo que tiene 15 litros. Se llena el recipiente siete veces de una barrica echándolo a la otra y lo que queda al final es un litro.

2955. Un tablero de ajedrez de número par de casillas de lado tiene siempre un número igual de casillas negras que blancas.

La figura que se muestra siempre cubrirá 3 casillas de un color (las de las puntas) y 1 del color opuesto (la del centro). Si se tienen 25 de estas fichas nunca se podrá cubrir la misma cantidad de **casilleros** negros y blancos.

2957. Los 2555 días son exactamente 7 años de 365 días, pero en un periodo de 7 años entre un determinado día del calendario y el mismo posterior obligatoriamente se intercalan uno o dos días más por los días 29 de febrero.

La clave es que 1900 no fue bisiesto, y además, al cumplir en abril, no vale 1904, por lo que hay que considerar el periodo 1896 a 1903, por lo que uno tendría 65 y el otro 72.

2959. Tiene 12 dedos, 3 en cada mano.

Empieza a contar con sus 12 dedos al llegar a la 13ª manzana, se le acaban los dedos naturales, y tiene que añadir las "decenas alien" y usa el 11, la 14ª el alien dice 12, y a la 15ª manzana le dice 13.

2961. El dolor de cabeza.

2963. Los libros de recetas de cocina.

2965. La linterna aparece en el problema para que no sea simplemente que atraviesan dos y luego atraviesan los otros dos. Al ser de noche y haber una única linterna, alguien debe volver para llevar la luz.

Ida-1,2. Vuelta–1. Ida-4,6. Vuelta–2. Ida-1,2.

Total: 2+1+6+2+2 = 13 minutos.

2967. Un gran uso de la perspectiva. La piscina es muy pequeña.

2969. Cien enfermos. El 106 puede leerse como "cien toséis".

2971. 1. Estómago. 2. Burro. 3. Mario. 4. Mesa.

2793. La letra X. Es la letra 24 del abecedario. XX en números romanos es igual a veinte. XXX representa contenidos para adultos, y la edad adulta tiene dieciocho años por ley en la mayoría de los países.

2975. En el Niño. En Navidad 400.000. Tras Hacienda: 320.500.
En El Niño 200.000. Tras Hacienda: 160.500 x 2 = 321.000.

2997. Todos son del mismo color.

2979. Un huracán, una aguja...

2981. Un ancla.

2983. El eco.

2985. Puedo no saber lo que es un rinoceronte, pero no quiere decir que no conozca lo que es una jirafa o un elefante.

2987. Es la diferencia entre el trabajo y el capital.

2989. De hecho, no hace falta mover palillo alguno. Sólo hay que ver la falsa igualdad frente a un espejo.

$$508 = 102 \times 5 - 2$$

2991. El primer viernes de abril de 2013 fue: 5/4/2013, es decir tiene todos los dígitos distintos, esto no ocurría desde el 25/6/1987.

2993. Lo que solemos llamar quinto de cerveza es en realidad un cuarto de litro.

2995. Quitando dos letras (F y E) de la palabra FIVE queda IV.
También: Restando dos (unidades) a cinco (decenas) quedan cuatro (docenas).

2997. El 51. Pero sólo en pantallas con dígitos tipo 7 segmentos. El 1 se va desplazando de izquierda a derecha respecto al 5.

2999. La serie (6, 2, 5, 5, 4, 5, 6, 3, 7, 6) corresponde a los segmentos de cada uno de los 10 dígitos.

3001. El hincha del Barça. Siempre tendrá alguna copa de menos.

3003. Los seres humanos cortamos un árbol, lo hacemos papel y en el papel escribimos un letrero como *"SALVA UN ÁRBOL"*.

3005. Esto fue lo que recibí:

3007. La estrella que guio a los Reyes Magos.

3009. Porque te cambia de tema cada poco tiempo.

3011. El mero.

3013. Los canónigos.

3015. La vela.

3017. Sincero (sin-cero). Por eso no podía escribir la fecha 30-8 y sí la del 31-8 aunque jamás el año, salvo que viviera hasta el 2111.

3019. Hasta las 01:01 horas del día 01/01/01 no veremos tal fecha. Es decir, el día de Año Nuevo del 3001.

3021. La gripe.

3023. Treinta. Los peces no se ahogan.

3025. El piojo. Siempre va en cabeza.

3027. La respuesta correcta es 96: 12 meses x 8 años = 96. ¡Cada mes tiene al menos 28 días!

3029. El pato. Nadie quiere pagar el pato.

3031. ¿Cómo puede cobrar una pensión un muerto?

3033. Me coloco en el último vagón para que el tren tenga mayor velocidad al entrar en el túnel. Luego corro hacia el primer vagón.

3035. Normal.

3037. De un huevo

3039. Sin cuerda el reloj no funcionaría nunca.

3041. En una cabaña no hay escaleras.

3043. Los Jones necesitaban un testigo (para cualquier formalidad notarial). Otra posibilidad es que quisiesen hacerse una foto con una cámara sin temporizador.

3045. Se mueve a la misma velocidad.

3047. Recuerde que le eligió a usted.

3049. Un bolsillo vacío puede contener un agujero.

3051. Me llamo Félix. FE: el nombre de hierro en la tabla periódico, y LIX significa "59".

3053. Los nolotiles.

3055. "Luego lo hago". Es una unidad temporal que puede durar desde minutos hasta años.

3057. Un zapato que no es de tu número.

3059. Porque si no está en la puerta está en la ventana.

3061. Ni proeza ni normal. Sé que sólo son cinco palabras pero estoy muy satisfecho.

3063. Hambre.

3065. El lugar es Venus, donde un día es más largo que un año. Venus emplea 225 días terrestres para girar alrededor del sol pero le lleva 243 días terrestres girar sobre su propio eje. En cualquier caso es improbable que a alguien le guste ir allí por cualquier período de tiempo; la temperatura promedio es de alrededor de 460º C, la presión es de alrededor de 94 atmósferas y hay densas nubes de ácido sulfúrico.

3067. Harry rompió un vidrio. Una grieta en el vidrio empieza en un sitio y se desplaza por el vidrio a una velocidad de más de 4.800 km/h.

3069. La gente había sido examinada utilizando una nueva técnica llamada rayos X. Hasta ese momento el conocimiento médico del cuerpo humano se basaba principalmente en la disección de cadáveres. Esta siempre se hacía con los cuerpos en posición horizontal. La diferencia hacía que muchos órganos tuviesen una forma o posición diferente. Los médicos se equivocaron al juzgar esta diferencia, tal como aparecía en los rayos X y diagnosticaban y trataban problemas que no existían.

3071. El hospital era una maternidad y todas las pacientes admitidas eran mujeres embarazadas.

3073. Se arroja en el lago una cantidad conocida de un producto químico concentrado o de una tintura vegetal. Una vez pasado un tiempo para que la inocua sustancia se disuelva, toma muestras del agua en varios lugares. Cuanto más diluida se encuentre la solución, mayor será el volumen del lago. Un análisis preciso de la concentración en las muestras dará una buena idea del volumen del agua.

3075. Las granjeras se contagiaban de las vacas con una enfermedad relativamente benigna, comúnmente llamada vacuna. Esto, sin embargo las inmunizaba contra la viruela, una enfermedad relacionada con ésta pero mucho más peligrosa. Jenner investigó y desarrolló una técnica para inocular con gérmenes de esta enfermedad (de allí el origen de la palabra vacuna) técnica que se difundió y terminó con las terribles matanzas causadas por la viruela.

3077. El hombre de negocios había aprendido japonés con una mujer, que lo hablaba como lo hacen las mujeres. La entonación de hombres y mujeres es diferente en Japón, siendo la masculina más directa y agresiva. Oír a un hombre hablando en el estilo de una mujer era extraño y divertido para los japoneses.

3079. La cinta había comenzado al iniciarse la declaración del hombre. ¿Quién la había rebobinado?

3081. El uso de los cinturones de seguridad fue un éxito al reducir la cantidad de casos fatales en los accidentes de tráfico. Gente que sin el cinturón de seguridad hubiese muerto (y hubiese sido llevada a la morgue), sobrevivía pero con heridas. Por lo tanto aumentó el número de personas atendidas por heridas.

3083. Balón de fútbol.

3085. Aumentará. Al calentarse, la rosquilla se dilata en todas las direcciones, es decir, dos puntos cualesquiera (como los separados por el diámetro del agujero) se distanciarán más entre sí. También lo puedes pensar así: si el agujero estuviese relleno del mismo material, el relleno se dilataría junto a la rosquilla.

3087. Desgraciadamente, la raíz también afecta a las unidades, y la raíz de centímetro no es una unidad usual. Si hubiésemos partido de "diez mil centímetros cuadrados equivale a un metro cuadrado", todo iría bien.

3089. A las 12, Cenicienta debe abandonar la fiesta, pues a tal hora el encantamiento del hada madrina desaparece. Y bien, si desaparece, todo lo que apareció por encantamiento debería desaparecer. ¿Por qué no desaparece el zapatito de cristal que Cenicienta perdió en su huida?

3091. La misma proporción que había antes, porque el nacimiento de un niño de uno u otro sexo no se ve afectado por la ley de la reina amazónica.

3093. Son (o fueron) zurdos.

3095. El mayor estropicio ocurre en el caso c) que es cuando mayor energía cinética total acumulan los dos automóviles, pues el cuadrado de la suma siempre es mayor que la suma de cuadrados.

3097. Espero 5 minutos antes de echar la leche. La pérdida de calor es proporcional a la diferencia de temperaturas.

3099. De noche. La velocidad de rotación se suma a la de traslación.

3101. Antihorario. Si viera el Polo Sur, horario.

3103. Dos pesas. De 2 y 6 kilos.

3105. El.

3107.

1, Entre a su cuenta de Facebook.

2. Haga clic en la opción "Cancelar mi cuenta".

3. Póngase a trabajar.

3109. En un país destacado.

3111. No se vería ni un pijo.

3113. Estaría perdiendo facultades.

3115. Un avellana.

3117. Una regla de tres.

3119. Para salir a flote.

3121. La vejez.

3123. La lluvia.

3125. El recuerdo.

3127. El cementerio.

3129. La lengua.

3131. Se trata de "el secreto".

3133. El ataúd.

3135. La carta.

3137. Los ojos y la nariz.

3139. La sombra.

3141. El sombrero.

3143. Cero euros.

3145. Att: Tu cepillo de dientes.

3147. Viuda.

3149. Bájese del Tiovivo, gilipuertas, que ya es mayorcito para esas cosas.

3151. El signo final de la derecha debe ser el de factorial.

$$72 \cdot 70 = 5040 = 7!$$

Luego un píxel no debería iluminarse y debería quedar así:

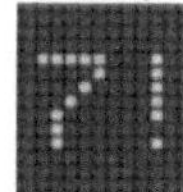

3153. No, genialidad. Los trabajadores no sabían que el Barón había bañado previamente al gallo con aceite negro, el cual es un residuo que producen las lámparas de aceite cuando lo queman para producir luz. De esta forma, el trabajador que no tenía nada que esconder, había palmeado al gallo y las palmas de sus manos estaban negras. Y el culpable, al no querer que el gallo dijera la verdad, no lo palmeó y, por tanto, las palmas de sus manos estaban limpias.

3155. El rocío.

3157. Carlos es el amante de la mujer del cartero, y aprovechando que vive en un sitio al que se tarda bastante en llegar, tiene todo ese tiempo de margen. El sábado no necesita escribir, porque el domingo no se reparte el correo.

También: Carlos vive a diez millas de distancia del pueblo más cercano. Si el cartero va a entregarle correspondencia, el hombre consigue que lo lleve al pueblo. De otro modo, tiene que pagar un taxi. Por eso, a escondidas se envía a sí mismo una carta todos los días para lograr que el cartero llegue hasta su casa. El cartero no reparte correspondencia los domingos, de modo que el hombre no tiene necesidad de enviarse una carta los días sábado.

3159. Raquel era donante de órganos.

3161. A la maldita panza.

3163. Puede ser un desierto congelado, tal vez un lugar de la Antártida o el Ártico. Por eso lo de llevar bebidas alcohólicas que los ayuden a recuperar calorías en lugares con temperaturas bajas.

diciembre de 2022								enero de 2022					
lu	ma	mi	ju	vi	sá	do	lu	ma	mi	ju	vi	sá	do
28	29	30	1	2	3	4	27	28	29	30	31	[1]	2
5	6	7	8	9	10	11	3	4	5	6	7	8	9
12	13	14	15	16	17	18	10	11	12	13	14	15	16
19	20	21	22	23	24	[25]	17	18	19	20	21	22	23
26	27	28	29	30	31	1	24	25	26	27	28	29	30
2	3	4	5	6	7	8	31	1	2	3	4	5	6

3165. Son del mismo año.

Navidad cae en domingo. Año Nuevo cae en sábado.

3167. Células.

3169. El Barón, ingeniosamente, les había dado de comer a las palomas semillas remojadas en brandy, lo que las hizo dóciles y fáciles de manipular.

3171. Está repetida la ficha 5-4.

3173. La imagen está vista desde arriba, las terrazas no están a la misma altura. El tablón de 5 metros no está horizontal, visto desde un lateral, sería la diagonal, y entre los edificios hay menos de 4 metros de separación horizontal. Al dar un salto de 4 metros no tiene problema de pasar de A a B.

3175. Es una ilusión óptica. Si la miramos un poco alejados, podemos ver: 196 + 200 = 396.

3177. Reincidentes.

3179. Produce cuernos.

3181. Hasta los caballos logran terminar una carrera.

3183. Viven del aire.

3185. La cristalería.

3187. Los mil-anos. ¿La caca-túa?

3189. El salto de altura, porque hay que superar el listín.

3191. De Albania.

3193. Los sacristanes. Siempre están con el cepillo en la mano.

3195. Cuando era conductor de autobuses.

3197. Un puente levadizo.

3199. Toda la imagen es el reflejo en el agua. Si la gira 180º lo entenderá todo.

3201. Hágale un caldo. Lo más seguro es que tenga gripe.

3203. Elena es una vaca y Pedro es un toro. Elena ve 3 toros (Pedro y otros dos) y 3 vacas. Pedro ve 4 vacas (Elena y otras tres) y 2 toros. En total hay 4 vacas (Elena y tres más) y 3 toros (Pedro y dos más).

3205. El pulpo. El pulpito está en el mar, la pulpa en la carnicería y el púlpito en la Iglesia.

3207. Los caballos no tienen cejas.

3209. La solución, como buen acertijo a la francesa, es añadir tres (trazos horizontales) a seis (verticales) de modo que quede ocho (en francés, HUIT).

3211. El soldado no puede cortarse el brazo, pues le faltaba el otro.

3213. Porque era ciego.

3215. Que tome un coche.

3217. El pollo. El huevo antes de nacer y asado después de muerto, a gusto del consumidor.

3219. La mano de pintura.

3221. El canguro.

3223. El cirujano estaba hablando consigo mismo, él se llama Miguel.

3225. El hombre estaba contando los alfileres a medida que los sacaba de una camisa nueva. Por desgracia, se le olvidó uno.

3227. El mosquito. Después de picarnos lleva nuestra sangre, pero si se pone a nuestro alcance lo matamos inmediatamente.

3229. El té.

3231. Se trata de los puntos cardinales: Norte, sur, este y oeste.

3233. Haciendo: 1)1, 2)2, 3)4, 4)8, tenemos las primeras cuatro potencias de 2.

3235. C es 100 en números romanos, y M es 1000...
2000 = MM; 900 = CM; 1000 = M.

3237. Ver a un semejante, alguien que tenga su misma condición.

3239. Jueves.

3241. La suma está hecha en números romanos:
MIL + MIL = MMXCVIII. Es decir: 1049 + 1049 = 2098.

3243. Un barco de madera o una nave.

3245. El zapato.

3247. La bola de billar.

3249. Si la suma de las cifras (14) es menor que su número (15) se deduce que existe alguna cifra 0, por lo que el producto de sus cifras es 0.

3251. El pato porque tiene dos patas.

3253. Parra. El primer vestido que existió fue la hoja de parra.

3255. Pone un sello de 35 y otro de 10 céntimos separados por un signo "menos".

3257. Los de Cuba. Sueñan con ser igual que el cuba-libre.

3259. Para que pueda entrar "El Altísimo".

3261. Porque quieren que las manden a la mierda.

3263. En las 17 bolas hay 8 parejas que suman 18 (1-17, 2-16,3-15, 4-14, 5-13, 6-12, 7-11, 8-10) y una bola más: la 9 que no puede combinar con otra para sumar 18.

En el peor de los casos, se pueden sacar 9 bolas desparejadas con la seguridad de que, al sacar la siguiente, se emparejará con alguna de las anteriores.

Por tanto, el mínimo número de bolas que hay que sacar para que se cumplan las condiciones del problema es 10 bolas.

3265. En total ha ingresado 2´9999 = 19998 €.

Si el primer coche lo compró por x euros: 1,10x=9999; x=9090 €.

Si el segundo coche lo compró por y euros: 0,90y=9999; y=11110 €.

Gastó en la compra de los dos coches: $x+y$=9090+1110=20200 €.

Como 19998-20200 = -202 €. Perdió 202 €.

3267. El cangrejo.

3269. Ropa.

3271. Los ojos.

3273. Ver un semejante, alguien que tenga su misma condición.

3275. Dos minutos.

3277. Los cinco dedos.

3279. Cuando suena a las 12:30, a la 1:00 y a la 1:30.

3281. Simplemente, que esté cerrada.

3283. Ninguno, porque cada hijo tiene ya una hermana.

3285. Muy sabroso, el perro caliente.

3287. A las tijeras.

3289. Beulah y Craig fueron huracanes.

3291. Cuando el testador es también notario.

3293. El tambor del detergente.

3295. Por ejemplo: Compraba 8 tornillos por un euro y vendía 7 tornillos por un euro.

3297. Todos los enunciados son incompatibles entre sí, por lo que solo habrá uno cierto y nueve falsos: sólo es cierto el enunciado 9.

3299. Ninguno. Al cabo de pocos meses no son pollos sino gallos.

3301. El bienvestido (júpito), que suele sembrarse en las cercas de las fincas y potreros.

3303. Ninguno, porque los fantasmas no existen.

3305. La semana.

3307. Ni se les ocurra pensar en que la respuesta es cojear. Con una sola pata lo que puede hacer es dar saltitos para desplazarse.

3309. Cincuenta. Hay que contar también al conductor.

3311. Durmió una hora menos de lo previsto.

3313. Está comprobado científicamente: El que se duerme primero.

3315. El clavo.

3317. Jamón, queso, mortadela, calamares, chorizo, tortilla o lo que pueda traer un bocadito; nunca el reloj.

3319. Porque es ciego. Ser ciego no es un impedimento para ser músico, de hecho hay una película de un hombre negro que es fantástico tocando el piano (jazz) pero es ciego y exige que se le pague en billetes de un dólar para no ser estafado.

3321. El entierro.

3323. Tiene una tienda de trofeos.

También puede ser que sea comprador de medallas olímpicas. Sabemos que muchos deportistas las venden porque no son profesionales y les hace falta el dinero.

3325. Era el ratón del ordenador.

3327. El 1 y el 2 eran los dígitos del 12. Es decir que eran las 12 en punto. Aún me sobraron 3 minutos.

3329. En las buenas para saber cuántos tienes y en las malas para saber cuántos te quedan.

3331. El apellido comienza con la letra final del nombre, por lo tanto sería Isabel Lázaro y vive en el piso 12, que es la suma de las letras de nombre y apellido.

3333. El coco.

3335. Si María dice la verdad Elena dice una frase falsa; si María miente no ha podido mentir antes tres veces por lo que la frase que dice no puede ser su cuarta mentira.

En resumen, lo que dice Elena es falso.

3337. Si nombramos las letras, en ese orden, no tienen letras en común las que van seguidas, por ejemplo, la JOTA no tiene ninguna letra en común con la ELE, la CU no tiene ninguna letra en común con la ERRE, etc.

3339. Ponga la J debajo de la U de manera que se forme una Y.

3341. Ningún día de la semana pudo haber dicho esa frase.

No pudo decirlo un día en el que diga la verdad pues 'ayer' o 'mañana', al menos y respecto a ese día, dice la verdad.

No pudo decirlo un día en el que mienta porque 'ayer' o 'mañana', al menos y respecto a ese día, miente y, por tanto, tendría que haber dicho que ese día decía la verdad.

3343. Poca mesa y mucha sobremesa.

3345. Se había tatuado en la nalga: "TU NOMBRE".

3347. Un tropezón.

3349. Se llevó sin querer una enciclopedia o un diccionario por tomos donde están las dos palabras claves: "Aprender" y "Cantar".

El tomo tenía todas las entradas desde "Aprender" hasta "Cantar".

3351. El reloj es digital, del tipo "7 segmentos", de los cuales dos no funcionaban. Por eso el 8 parece un 6 y el 9 parece un 5.

3353. Vive en la de la derecha, el nombre del perro es TAMPOCO.

3355. Son 4 personas: Matrimonio con su hijo y la madre de la esposa.

3357. Una vela había prendido fuego su túnica.

3359. El fuego.

3361. El de la gata, las mulas no paren.

3363. El porvenir.

3365. Sobre la planta de los pies.

3367. El gallo. Nadie dice arroz con gallo, sino arroz con pollo.

3369. El semáforo.

3371. El paciente.

3373. Hanson Crockett Gregory inventó el agujero de los donuts.

3375. El pocero.

3377. El pescador tiene que esperar que el pez pique para poder comer pescado.

3379. El gusano.

3381. Nada. Fueron a trabajar: él era sepulturero y ella enfermera.

3383. Una muñeca llevaba puesta la pequeña. Las dos se lavaron a la vez y encogieron ambas.

3385. Gana Benito. Antonio va más tiempo a baja velocidad que a alta.

3387. En la tierra.

3389. El Sol.

3391. En febrero, que tiene menos días. Los monos hacen muchas muecas todos los días.

3393. "Más joven que tú" es el apodo de la persona A.

3395.

3397. Un mundial se transmite por televisión para todo el mundo, y en muchos países, en el 2006 tenían todavía un alto porcentaje de televisores en blanco y negro, por lo que se decidió el cambio de camiseta.

3399. El arcoíris.

ARCHIVOS VIRTUALES

Muchos acertijos llevan asociado, cada uno, un archivo virtual alternativo con el mismo nombre.

Tales archivos contienen el enunciado, la solución o ambos, de una forma más atractiva o diferente de lo habitual. Incluyo también los archivos de los demás volúmenes. Se pueden descargar de:

http://platea.pntic.mec.es/jescuder/acertijo.rar

Para visualizar el contenido de cada archivo, es necesario tener instalado el programa correspondiente: Excel, Powerpoint, Flash, etc.

Se muestran a continuación ordenados alfabéticamente.

2+2+2+2=8.xls
A los lados de la coma.xls
AAAA   BBBB.xls
ABCD cuadrado.xls
Alberto Durero y su cuadrado mágico.ppt
Año de nacimiento.xls
Área = Perímetro.xls
Armando un cubo.ppt
(a_cubo01.swf ... a_cubo11.swf)
Asombrosa predicción.ppt
Asombrosa predicción.xls
Avaricioso castigado.xls
Baloncesto bizantino.xls
Bonita propiedad.xls
Búsqueda y captura.xls
C. mágico 3x3 de primos.xls
Cabras y ovejas.xls
Caminos de mínimo recorrido.ppt
Carlos en el año 2000.xls
Catetos consecutivos.xls
Cateto e hipotenusa consecutivos.xls
Cifras del cubo.xls
Cinco bolas de acero.xls
Cinco consecutivos.xls
Colocando números.xls
Como anillo al dedo.xls.
Con las cifras del 0 al 9 (3).xls
Con las cifras del 2003.xls
Contando los unos.xls

Cortes sucesivos.xls
Cuadrado a triángulo.swf
Cuadrado de 6 cifras.xls
Cuadrado mágico 3x3 de primos.xls
Cuadrado mágico 3x3.xls
Cuadrado mágico 5x5.xls
Cuadrados capicúas.xls
Cuadrados consecutivos.xls
Cuadrados sin repetir cifra.xls
Cubo y cifras.xls
Cubos de cifras.xls
Curiosa propiedad (1).xls
Curiosa raíz cuadrada.xls
Curiosas multiplicaciones.xls
Curiosidad con tres dados.xls
Curioso cuadrado AABB.xls
Curiosos cuadrados invertidos.xls
De cuadrado a cubo.xls
Del cero al nueve.xls
Del uno al ocho.xls
Descomponiendo el 30.xls
Diferencia muy fiel (1).xls
Diferencia muy fiel (2).xls
Director creativo.xls
Divisibilidad por 7.ppt
Divisiones exactas (1).xls
Divisiones exactas (2).xls
Domingos y lunes.xls
Dominó y ajedrez.ppt
Dos escalas sobre una cinta.xls
El cesto de huevos.xls

El cheque.xls
El clásico del nº 1.xls
El collar.xls
El gran desfile.xls
El imposible cuadrado de cubos.xls
El juego de los aplausos (1).xls
El juego de los aplausos (2).xls
El juego de los aplausos (3).xls
El juego de los aplausos (4).xls
El justo reparto.ppt
El más pequeño.xls
El menor con x divisores.xls
El menor múltiplo de 7.xls
El menor número.xls
El número 142.857.xls
El número 1.984.xls
El número de Ramanujan.xls
El número del portal.xls
El número mágico 1.089.xls
El número mágico 495.xls
El número mágico 6.174.xls
El número mágico 9.xls
El número tres.xls
El pintor madrileño.ppt
El rebaño más pequeño.xls
El reloj digital.xls
El truco del calendario.xls
En el hipódromo.xls
Engañando a la balanza.xls
Error mecanográfico.xls
Estrella con diagonales.xls
Facilema.xls
Fila de tarjetas.ppt
Fumando colillas.xls
Hexágono con rayos.xls
La banda municipal.xls
La báscula del sargento.xls
La cesta de los huevos.xls
La conjetura de Collatz.xls
La edad de Juan.xls
La edad de mi hijo.xls
La edad del Sr. Gómez.xls
La estrella de cine.xls

La familia de Isaac.xls
La gran carrera.xls
La guarnición.ppt
La quinta potencia.xls
La rueda.xls
Las edades de las hermanas.xls
Las elecciones.xls
Las grandes potencias.xls
Las manzanas del hortelano.xls
Las monjas del convento.ppt
Las ovejas de Marcelo.xls
Las perlas del rajá.xls
Los 5 negocios de Timoteo.xls
Los aspirantes al puesto de traba-jo.xls
Los canales de Marte.ppt
Los escalones.xls
Los guardianes de las naranjas.xls
Los hermanos y los melones (1).ppt
Los mágicos 21 y 481.xls
Los nudos.ppt
Los peldaños.ppt
Los puntos de tres dados.xls
Los repollos de la señora García.xls
Los tonos grises.gif
Los tres jugadores.xls
Los tres niños con camiseta.ppt
Los vagabundos y las galletas.xls
Lucas.exe (En la carpeta: LUCAS-Juego)
Magia con seis números.ppt
Magia con seis números.xls
Manzanas enteras.xls
Marineros, mono y cocos(2).xls
Marineros, mono y cocos.xls
Método árabe de multiplicación.xls
Mi hermano y yo.xls
Mi primo y su padre.xls
Midiendo un cable.xls
Moros y cristianos.ppt
Movida en la lechería.doc
Movida en la lechería.ppt
Multiplicación a la rusa.xls

Multiplicación hindú.ppt
Multiplicación hindú.xls
Múltiplos de 17.xls
Ningún número primo.xls
Números abundantes....xls
Números de Harshad.xls
Números elegantes.xls
Números especulares.xls
Números felices.xls
Números narcisistas.xls
Números no equivalentes.xls
Números romanos alfabéticos.xls
Números vampiros.xls
Obreros de siempre.xls
Oferta de equipo de música.xls
Ojo con los santos.xls
Original e invertido.xls
Original testamento.xls
Pasteles para los invitados.xls
Permutando cifras.xls
Persistencia multiplicativa.xls
Pesando a cuatro niños.xls
Pesando a seis soldados.xls
Pesando por parejas.xls
Piratas numéricos.xls
Pobre Pío.xls
Predecir la cuenta.xls
Prestar y recuperar 50 dólares.ppt
Producto de consecutivos.xls
Progresión y cuadrado.xls
Qué edad tengo.xls

Resolviendo la ecuación.xls
Resta y cociente.xls
Ropa tendida.ppt
Se quedó sin discos.xls
Sencillo, doble y triple.xls
Siempre exacto.xls
Siempre llegamos.xls
Sistemas de votación.ppt
Sobre números de dos cifras.xls
Soldados combativos.xls
Suma de cuadrados de números consecutivos.xls
Suma de números consecutivos.xls
Suma por producto.xls
Suprimiendo la última cifra.xls
Tarjetas adivinas-1-2-3-4.xls
Transporte de un tesoro.xls
Tres agujas en un pajar.xls
Tres enteros consecutivos.xls
Triángulo con 3 bolas.xls
Triángulo con 4 bolas.xls
Triángulo con 5 bolas.xls
Tumba.jpg
Un hombre afortunado.ppt
Un número privilegiado.xls
Vacas, cerdos y ovejas.xls
Veces el uno.xls
Venta de gansos.xls
Venta de huevos.xls
Volteando cartas.xls

BIBLIOGRAFÍA

La relación que se muestra a continuación es incompleta por las razones explicadas en el prólogo. Pudiera servir de orientación y, en parte, como justificación de todas las omisiones.

Adams, James L. - Guía y juegos para superar bloqueos... Gedisa. Barcelona. (1986)

Agostini, F. – Juegos de lógica y matemáticas. Pirámide. Barcelona. (1988)

Albaiges Olivart J. M. - ¿Se atreve Vd. con ellos? Marcombo. Barcelona. (1981)

Allem, J. P. - Juegos de ingenio y entret. mat. Gedisa. Barcelona. (1984)

Allem, J. P. - Nuevos juegos de ingenio y entret. mat. Gedisa. Barcelona. (1984)

Azzopardi, Gilles - 500 tests para aumentar su inteligencia. Tikal. Gerona. (2001)

Barry Townsend, Charles - Acertijos Clásicos. Selector. (1994)

Bayllif, J. C.. - Los rompecabezas lógicos de Baillif. Reverté. Barcelona. (1985)

Berrondo, M. - Los juegos matemáticos de eureka. Reverté. Barcelona. (1987)

Bolt, B. – Actividades matemáticas. Lábor. Barcelona. (1988)

Bolt, B. – Más actividades matemáticas. Lábor. Barcelona. (1990)

Bolt, B. – Divertimentos matemáticas. Lábor. Barcelona. (1987)

Brandeth, Gyles - Juegos con números. Gedisa. Barcelona. (1989)

Bunch, B. H. – Matemática insólita. Paradojas y... Reverté. Barcelona. (1987)

Camous, Henri - Problemas y juegos con la matemática. Gedisa. Barcelona. (1995)

Carroll, Lewis – El juego de la lógica. Alianza. Barcelona. (1979)

Corbalán, F. - Juegos matemáticos para secundaria y Bach. Síntesis. Madrid. (1994)

Dispezio, Michael A. - 99 desafios a la capacidad intelectual. Tikal. Gerona. (1999)

Emmet, Eric - Juegos de acertijos enigmáticos. Gedisa. Barcelona. (1990)

Emmet, Eric - Juegos para devanarse los sesos. Gedisa. Barcelona. (2000)

Falleta, N. - Paradojas y juegos. Ilustraciones, ... Gedisa. Barcelona. (1986)

Fixx, J. - Juegos de recreación mental para los muy intelig. Gedisa. Barcelona. (1988)

Fournier, Jean Louis - Aritmética aplicada e impertinente... Barcelona. (1995)

Friant, J. y LH, Y. - J. lógicos en el mundo de la intelig... Gedisa. Barcelona. (1987)

García Solano, R. - Matemáticas mágicas. Escuela Española. Madrid. (1988)

Gardner, M. - Nuevos pasatiempos matemáticos. Alianza. Barcelona. (1980)

Gardner, M. - Carnaval matemático. Alianza. Barcelona. (1980)

Gardner, M. - Circo matemático. Alianza. Barcelona. (1983)

Gardner, M. – Comunicación extraterrestre y otros p. mat.. Cátedra. Madrid. (1986)

Gardner, M. - Festival mágico-matemático. Alianza. Barcelona. (1984)

Gardner, M. - ¡Ajá! Inspiración ¡Ajá! Lábor. Barcelona. (1981)

Gardner, M. - ¡Ajá! Paradojas que hacen pensar. Lábor. Barcelona. (1983)

Gardner, M. - Ruedas vida y otras div. Matemáticas. Lábor. Barcelona. (1985)
Gardner, M. - Juegos y enigmas de otros mundos. Gedisa. Barcelona. (1987)
Gardner, M. - Juegos y enigmas de otros mundos. Gedisa. Barcelona. (1987)
Gardner, M. - Mágicos números del doctor Matrix, Los. Gedisa. Barcelona. (1986)
Guzmán, M. de - Cuentos con cuentas. Lábor. Barcelona. (1984)
Guzmán, M. de - Mirar y ver. Alhambra. Madrid. (1976)
Harshman, Edward J. - 99 enigmas para estimular el ingenio. Tikal. Gerona. (1999)
Harshman, Edward J. - ¡Elemental, querido Watson! 100 enig... Tikal. Gerona. (1999)
Holt, M. - Matemáticas recreativas 2. Martínez Roca. Barcelona. (1988)
Holt, M. - Matemáticas recreativas 3. Martínez Roca. Barcelona. (1988)
Knuth, D. E. – Números surreales. Reverté. Barcelona. (1979)
Lánder, I. - Magia mat. Lábor. Barcelona. (1985)
Longe, Bob - Los mejores trucos de cartas del mundo. Tikal. Gerona. (1998)
Longe, Bob - Los mejores trucos de magia del mundo. Tikal. Gerona. (1998)
Masino, G. – El romance de los números. Círculo de Lectores. Barcelona. (1980)
Mataix, M. - Cajón de sastre matemático. Marcombo. Barcelona. (1978)
Mataix, M. - Divertimientos lógicos y matemáticos. Marcombo. Barcelona. (1979)
Mataix, M. - Fácil, menos fácil y difícil. Marcombo. Barcelona. (1980)
Mataix, M. - El discreto encanto de las matemáticas. Marcombo. Barcelona. (1981)
Mataix, M. - Nuevos divertimientos matemáticos. Marcombo. Barcelona. (1982)
Mataix, M. - Droga matemática. Marcombo. Barcelona. (1983)
Mataix, M. - Ocio matemático. Marcombo. Barcelona. (1984)
Mataix, M. - Problemas para no dormir. Marcombo. Barcelona. (1987)
Mataix, M. - En busca de la solución. Marcombo. Barcelona. (1989)
Mathematical Association of America – Concursos de mat. Euler. Madrid. (1996)
Muller, R. - Matemagicas. Tikal. Gerona. (1999)
Northrop, E. P. - Paradojas matemáticas. Uteha. México. (1977)
Paraquín, K. H. - Juegos visuales. Lábor. Barcelona. (1978)
Perelman, Y. I. - Matemáticas recreativas. Martínez Roca. Barcelona. (1977)
Perelman, Y. I. - Álgebra recr. Mir. Moscú. (1978)
Perelman, Y. I. - Problemas y experimentos recreativos. Mir. Moscú. (1983)
Robert-Houdin, J. E. - Secretos de la magia. Tikal. Gerona. (1999)
Rodríguez Vidal, R. - Diversiones matemáticas. Reverté. Barcelona. (1983)
Rodríguez Vidal, R. - Cuentos y cuentas de los mat. Reverté. Barcelona. (1986)
Rodríguez Vidal, R. - Enjambre matemático. Reverté. Barcelona. (1988)
Smullyan, R. - ¿Cómo se llama este libro? Cátedra. Madrid. (1981)
Smullyan, R. - ¿La dama o el tigre? Cátedra. Madrid. (1983)
Smullyan, R. - Alicia en el país de las adivinanzas. Cátedra. Madrid. (1984)
Smullyan, R. - Enigma de Sherezade. Gedisa. Barcelona. (1998)

Smullyan, R. - Juegos de ajedrez y los misteriosos... Gedisa. Barcelona. (1986)
Smullyan, R. - Juegos para imitar a un pájaro imitador. Gedisa. Barcelona. (1989)
Smullyan, R. - Juegos por siempre misteriosos. Gedisa. Barcelona. (1995)
Smullyan, R. - J. y problemas de ajedrez para S. H. Gedisa. Barcelona. (1986)
Smullyan, R. - Satán, Cantor y el infinito. Gedisa. Barcelona. (1995)
Stewart, Ian - Ingeniosos encuentros entre juegos y mat. Gedisa. Barcelona. (1990)
Tejada, Ivan - 100 problemas para pensar (un poco). Tikal. Gerona. (1999)
Thio de Pol, S. - Primos o algunos dislates sobre números. Alhambra. Madrid. (1976)
Vives, Paul – J. de ingenio. M. Roca. Barcelona.
Wells, David - El curioso mundo de las matemáticas. Gedisa. Barcelona. (2000)

COLECCIÓN DE MENTE: *Para el aficionado a los juegos y a los problemas de ingenio.*
1. El idioma de los espías - Martin Gardner.
2. El Laberinto y otros juegos matemáticos - Edouard Lucas.
3. Ejercicios de Pensamiento Lateral - Paul Sloane.
4. Puerta a la Cuarta Dimensión y otros cuentos - Varios autores.
5. Los Acertijos de Sam Loyd - Martin Gardner.
6. Magia Inteligente - Martin Gardner.
7. Ganar al Backgammon - Millard Hopper.
8. El Acertijo del Mandarín y otras diversiones matemáticas - Henry Dudeney.
9. Anarquía y otros j. de cartas - David Parlett.
10. El Anticipador y otros cuentos - Varios autores.
11. Nuevos Ejerc. de Pensam. Lateral - Paul Sloane.
12. El Concurso de Belleza y otros desafíos matemáticos - Ángela Dunn.
13. El detective es Usted - Lassiter Wreen y Randle McKay.
14. Matemática para divertirse - Martin Gardner.
15. Las Esferas Doradas y otras recreaciones matemát. (tomo I) - Joseph Madachy.
16. Las Esferas Doradas y otras recreaciones matemát. (tomo II) - Joseph Madachy.
17. Acertijos Divertidos y Sorprendentes - Martin Gardner.
18. C. Viciosos y Paradojas - P. Hughes y B. Brecht.
19. Los Gatos del Hechicero y nuevas diversiones matemáticas - Henry Dudeney.
20. Súper Ejercicios de Pensamiento Lateral - Paul Soone y Des MacHale.
21. Aquí Comienza el Bridge - Terence Reese.
22. 5 Test de Inteligencia - Pierre Berloquin.
23. Test de Pensamiento Lateral - Paul Sloane.
24. Acertijos Fantásticos - Muriel Mandell.
25. Cómo Jugar y Divertirse con Escritores Famosos - Daniel Samoilovich.

26. Acertijos para Resolver en el Ascensor - J.J.Mendoza Fernández.
27. La Magia de la Matemática - Theoni Pappas.
28. Cómo Jugar y Divertirse con su Inteligencia - Lea y Jaime Poniachik.
29. Potencie su Pensamiento Lateral - Paul Sloane y Des MacHale.
30. Nuevos Acertijos de Sam Loyd – M. Gardner.
31. El Encanto de la Matemática - Theoni Pappas.
32. Acertijos Para Resolver en el Autobús - J.J. Mendoza Fernández.
33. Prácticas de Pensamiento Lateral - Paul Sloane y Des MacHale.
34. 101 Acertijos - C.R. Wylie.
35. Ejercicios de Intelig. Asociativa - Lloyd King.

CORREO ELECTRÓNICO - *Acertijos enviados por internautas.*

OTRAS OBRAS DE *JESÚS ESCUDERO MARTÍN*

138 págs. (B/N)

138 págs. (B/N)

138 págs. (B/N)

154 págs. (B/N y Color)

264 págs. (B/N)

390 págs. (B/N)

486 págs. (B/N y Color)

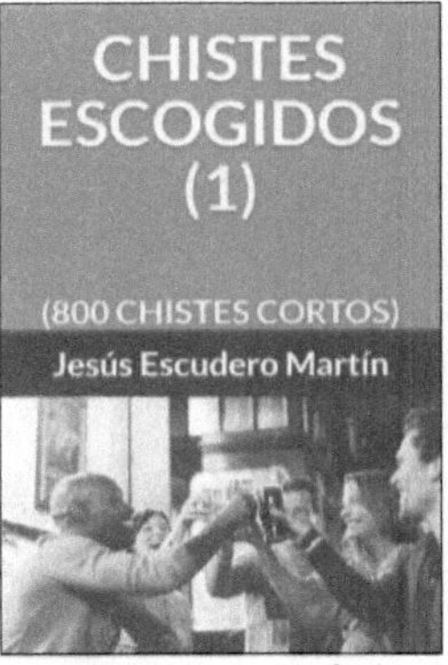

148 págs. (B/N)

148 págs. (B/N)

148 págs. (B/N)

148 págs. (B/N y Color)

276 págs. (B/N)

404 págs. (B/N)

500 págs. (B/N y Color)

112 págs. (B/N)

114 págs. (B/N)

116 págs. (B/N)

118 págs. (B/N)

| 118 págs. (B/N) | 118 págs. (B/N y Color) | 158 págs. (B/N y Color) |

| 156 págs. (B/N y Color) | 154 págs. (B/N y Color) | 292 págs. (B/N y Color) |

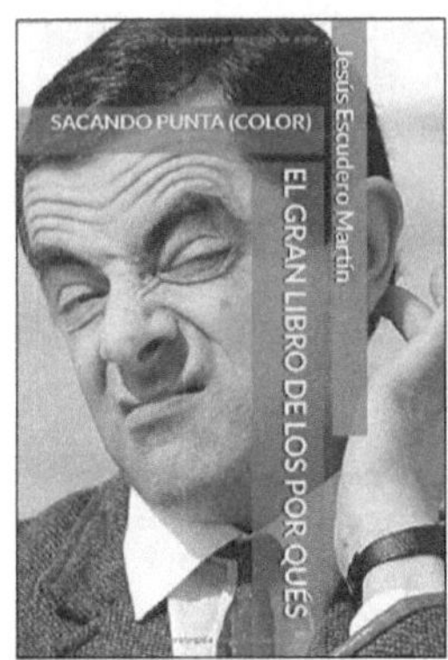

| 280 págs. (B/N y Color) | 122 págs. (B/N) | 162 págs. (B/N y Color) |

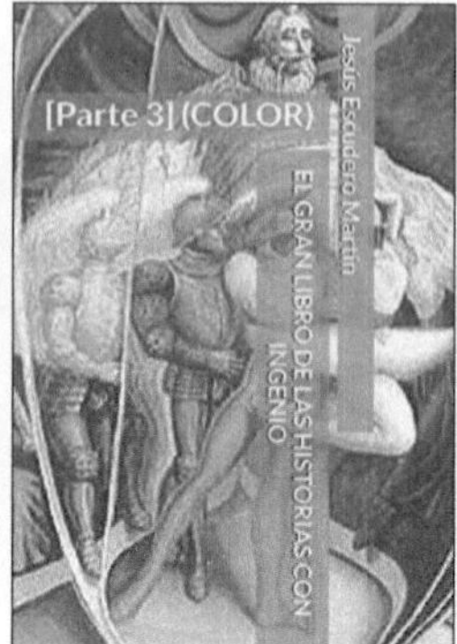

162 págs. (B/N y Color) 162 págs. (B/N y Color) 304 págs. (B/N y Color)

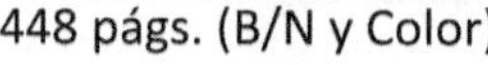

448 págs. (B/N y Color)   204 págs. (B/N))   206 págs. (B/N)

202 págs. (B/N)   194 págs. (B/N)   386 págs. (B/N)

366 págs. (B/N)

208 págs. (B/N)

206 págs. (B/N)

214 págs. (B/N)

170 págs. (B/N y Color)

170 págs. (B/N y Color)

166 págs. (B/N y Color)

306 págs. (B/N y Color)

440 págs. (B/N y Color)

172págs. (B/N y Color)   162 págs. (B/N y Color)   162 págs. (B/N y Color)

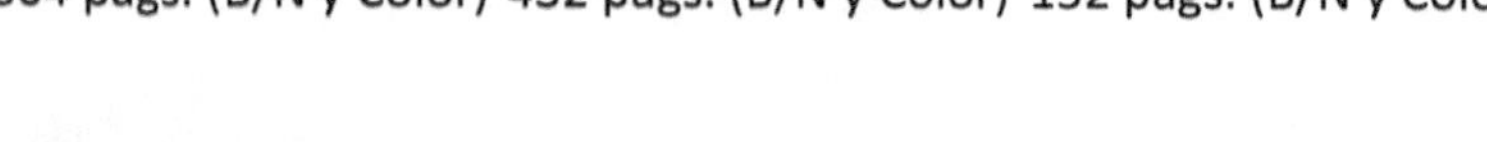

304 págs. (B/N y Color)   432 págs. (B/N y Color)   152 págs. (B/N y Color)

168 Págs. (B/N y Color)   286 págs. (B/N y Color)   150 págs. (B/N y Color)

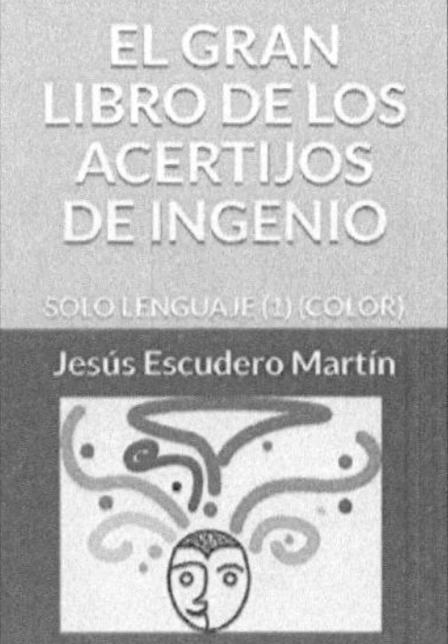

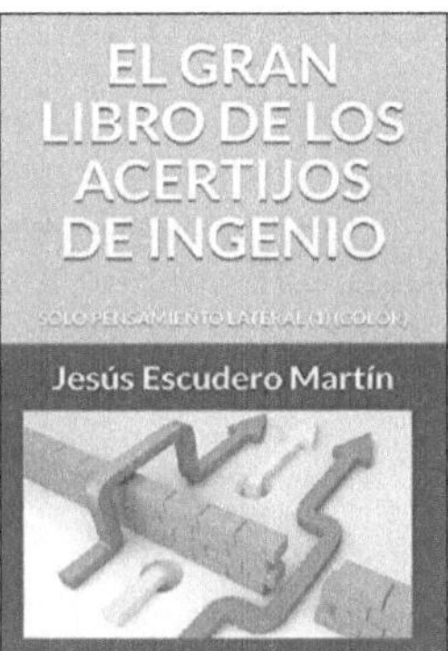

150 págs. (B/N y Color) 152 págs. (B/N y Color) 156 págs. (B/N y Color)

150 págs. (B/N y Color) 152 págs. (B/N y Color) 278 págs. (B/N y Color)

402 págs. (B/N y Color) 336 págs. (B/N y Color) 214 págs. (B/N y Color)